Jens Grüne

Notfall Klinikpersonal

Stress, Burnout und Konflikte in Kliniken

www.tredition.de

© 2021 Jens Grüne
Umschlag, Illustration: Jens Grüne
Lektorat, Korrektorat: Steffi Kaiser

Verlag & Druck:
tredition GmbH
Halenreie 40-44
22359 Hamburg

ISBN
Paperback   978-3-347-29975-7
Hardcover   978-3-347-29976-4
e-Book   978-3-347-29977-1

Inhaltsverzeichnis

Vorwort

Vor dem Hintergrund zunehmender Herausforderungen im Gesundheitswesen z. B. durch Personalmangel und zu hohe Arbeitsbelastungen in Verbindung mit dem demografischen Wandel, sehen sich Beschäftige und Kliniken mit wachsenden Zahlen von Stress und Burnout konfrontiert. Parallel dazu steigt die Anzahl der Konflikte, was zu weiteren negativen Folgen führen kann. Das Ziel des vorliegenden Buches ist es, zu beleuchten, wie Einflüsse, die in Kliniken zu Stress und Burnout führen, durch die Anwendung von Konfliktmanagementmethoden vonseiten des ärztlichen Fachpersonals und der Pflegedienstleitungen reduziert werden können. Um diese und weitere Fragen zu beantworten, werden anhand von wissenschaftlicher Faktoren die Themen Stress, Burnout und Konflikte erläutert und mittels Interviews mit ExpertInnen, d. h. mit ärztlichem Fachpersonal und Pflegedienstleitungen sowie Pflegekräften, überprüft.

Die Auswertung zeigt auf, dass es viele Stressfaktoren in Kliniken gibt und die Ursachen für Burnout u. a. an Stressoren sowie an spezifischen Verhaltensweisen auszumachen sind. Zudem ist das Konfliktpotenzial in Kliniken sehr hoch, was u. a. an der Vielzahl von Schnittstellen mit verschiedenen Berufsgruppen liegt.

Die Ergebnisse belegen, dass die ÄrztInnen und Pflegedienstleitungen noch kein ausreichendes Wissen über Konfliktmanagementmethoden haben. Die befragten Pflegekräfte sind sich einig, dass ein effektiver Umgang mit Konflikten seitens der Führungskräfte zur Reduzierung von Stress und Burnout führen kann.

Um eine solche Reduzierung zu erreichen, müssen die verantwortlichen Führungskräfte durch zielführende Schulungen und Coaching die Methoden für adäquates Konfliktmanagement erlernen. Zudem zeigen die Untersuchungen, dass die Themen aktuell und relevant sind. Es besteht daher ein akuter Handlungsbedarf, um die hohen Belastungen aufgrund von Stress, Burnout und Konflikten in Kliniken zu reduzieren.

Ich möchte mich Ihnen kurz vorstellen:
Mein Name ist Jens Grüne. Ich bin Kommunikationspsychologe (FH) und Master of Science (MSc) in Kommunikation- und Betriebspsychologie. Seit Jahren arbeite ich freiberuflich als Trainer und Coach in zahlreichen Kliniken in Deutschland. In meiner vorherigen Laufbahn war ich über 20 Jahre im Rettungsdienst tätig. Unter anderem als Ausbilder / Dozent und Prüfer sowie als Betriebsleiter. Hierdurch konnte ich zahlreiche Erfahrungen in vielen verschiedenen Kliniken sammeln und verstehe die medizinischen Abläufe und deren Fachkommunikation sehr gut. Dieses Wissen hilft mir seit Jahren in meiner Tätigkeit als Trainer und Coach in den Kliniken.

Ich habe es mir zur Aufgabe gemacht, das ärztliche Fachpersonal, Pflegekräfte und Funktionsdienste sowie Geschäftsführer zu unterstützen, um die Belastungen in den Klinken zu reduzieren. Diese Arbeit ist für mich eine Herzensangelegenheit, weil in allen Kliniken hervorragend ausgebildete und sehr motivierte MitarbeiterInnen jeden Tag eine herausragende Arbeit leisten. Jedoch auf Grund der meist schlechten Rahmenbedingungen und internen Belastungen an ihre persönlichen Grenzen geraten.

Zudem bekommen die MitarbeiterInnen leider häufig nicht mehr die Anerkennung und Wertschätzung aus der Gesellschaft die ihnen gebühren sollte.

Das vorliegende Buch soll dazu beitragen, die aktuellen Belastungen in den Kliniken zu beleuchten und somit zu einem besseren Verständnis führen. Zudem sollen Lösungsansätze aufgezeigt werden, die dabei helfen können, die hohen psychischen und physischen Belastungen zu reduzieren. Hierzu werden zum einen wissenschaftliche Gesichtspunkte aufgezeigt und zum anderen persönliche Erfahrungen aus meiner Arbeit beschrieben.

Ihr

Jens Grüne, MSc

1. Einleitung

Die Arbeits- und Lebenswelt der Menschen befindet sich heutzutage im ständigen Wandel. Neben den positiven Effekten, wie z. B. technologischem Fortschritt, gibt es auch große Herausforderungen, die sowohl das Individuum als auch die Gesellschaft belasten. Die einzelnen Gesellschaftsmitglieder sind erhöhtem Stresspotenzial ausgesetzt, was zu vermehrten psychischen Erkrankungen führt. Dies betrifft insbesondere die Branche Gesundheitswesen: Die Kliniken sind überlastet und das Personal ist erhöhtem Stress ausgesetzt, was zu vermehrten Konflikten und in der Gesamtheit zu Burnout führen kann.

Der Anstieg bei den psychischen Erkrankungen wird unter anderem belegt durch den Gesundheitsreport der DAK. Gerade die Branche Gesundheitswesen liegt mit einem Krankenstandswert von 4,7 Prozent an der Spitze und somit deutlich über dem Durchschnitt aller Branchen.[1] Die TK-Stressstudie zeigt, dass die Arbeit als Stressursache auf Platz eins steht.[2] Die Burnout-Werte für MitarbeiterInnen in Kliniken haben in den letzten Jahren deutlich zugenommen. Bereits die NEXT-Studie aus dem Jahr 2005 zeigt dieses auf. Das Pflegepersonal in Kliniken ist täglich mit verschiedensten Stressoren konfrontiert, die zu emotionaler Erschöpfung und damit zu Burnout führen können.[3] Nach einer Studie von Becka et al. sind 41% der befragten Pflegekräfte teilzeitbeschäftigt, weil sie eine Vollzeitbeschäftigung als zu stressig bzw. belastend empfinden. In keinem anderen Berufsfeld wurde bei dieser Befragung die Arbeitsbelastung als so hoch eingestuft.[4] Konflikte können aufgrund sozialer Stressoren entstehen und durch Konflikte wiederum kann Stress entstehen.[5]

Der Bereich Konflikte am Arbeitsplatz wird z. B. durch die DGFP-Studie: „Psychische Beanspruchung von Mitarbeitern und Führungskräften" dargestellt.[6] Eine weitere Studie, „Konfliktmanagement - Von den Elementen zum System", zeigt, dass zwischen den Wünschen und den Ansprüchen von Unternehmen, bezogen auf das interne Konfliktmanagement und dessen tatsächlichen Umsetzungen, eine signifikante Diskrepanz besteht.[7]

Um Konflikte zu bearbeiten, zu reduzieren oder aufzulösen, benötigen Führungskräfte - ärztliches Fachpersonal und Pflegedienstleitungen - im Rahmen ihrer Fürsorgepflicht Methoden des Konfliktmanagements. Dies können z. B. Konfliktbearbeitungsansätze nach Müller-Fohrbordt (1999) oder Eskalationsstufen nach Glasl sein (2013). Die ÄrztInnen und Pflegedienstleitungen sollten die Fähigkeit zu einer adäquaten Konfliktanalyse haben. „Eine Verbesserung des Konfliktverhaltens von Einzelnen, von Gruppen und von Organisationen kann zunächst nur dadurch erreicht werden, dass zwischen dem Auftreten des Konfliktes und dem Suchen der Lösung eine ausführliche Analysephase stattfindet".[8] Zu den Bereichen der psychischen Arbeitsbelastungen in Form von Stress und Burnout gibt es eine Vielzahl unterschiedlicher Studien. Zum Beispiel den iga.Report 32[9] oder die oben genannte DGFP-Studie. Die Studie RN4CAST zeigt auf, dass 30% der Pflegekräfte in Kliniken unter emotionaler Erschöpfung leiden, bei 15% wurde bereits Burnout festgestellt.[10]

Die Situation der Beschäftigten im Gesundheitswesen zeigt auf, dass zwischen den Jahren 2000 und 2015 die Zahl der Beschäftigten um 27 % gestiegen ist.[11] Das Gesundheitswesen zählt somit zu den stärksten Wachstumsbranchen in Deutschland.

Im Jahr 2015 waren insgesamt 5,3 Millionen Menschen im Gesundheitswesen beschäftigt. 2,8 Millionen Beschäftigte sind in medizinischen Gesundheitsberufen tätig.[12]

Im Jahr 2016 standen insgesamt 1951 (2015: 1956) Krankenhäuser und rund 498.700 Betten für die stationäre Versorgung der Bevölkerung Deutschlands zur Verfügung.[13] Gerade in den westlichen Ländern sind die Belastungen dort aufgrund von psychischem Druck sehr hoch.[14]

„Die Organisation der Arbeitszeiten ist im Pflegeberuf von großer Bedeutung, da es durch Wochenend-, Bereitschafts- und Nachtdienste, unvorhersehbares „Einspringen" und Unregelmäßigkeiten zu körperlichen wie auch psychosozialen Belastung für die Pflegenden kommt".[15] Der bereits erwähnte Arbeit-Familie-Konflikt steht in Zusammenhang mit den Arbeitszeiten. Ist hingegen eine Zufriedenheit mit den Arbeitszeiten gegeben, reduziert das die Entstehung von Burnout. Unzufriedenheit in Bezug auf die Arbeitszeiten führt häufig zu dem Wunsch, den Beruf zu verlassen.[15] Der Pflegebereich in Deutschland befindet sich in einer angespannten Situation: Aufgrund der demografischen Entwicklung, d. h. des zunehmenden Anteils älterer Menschen, erhöht sich die Zahl der Pflegebedürftigen. Somit erhöhen sich auch die psychischen Anforderungen an das Pflegepersonal, die viele Pflegekräfte aufgrund der eigenen Belastungen nicht mehr ausgleichen können und als Folge davon früher den Beruf verlassen.[16]

Einen wichtigen Faktor bezüglich der zunehmenden Arbeitsbelastung, stellt der Personalmangel im Gesundheitswesen dar. Die Studie der PwC „112 – und niemand hilft" legt dar, dass der Personalmangel im Gesundheitswesen bis zum Jahr 2030 noch erheblich zunehmen wird.[17]

„Um diesem Umstand entgegenzuwirken, ist es von großer Bedeutung, den Gesundheitszustand der Pflegenden zu ermitteln, um diesen mit geeigneten Konzepten der Arbeitsgestaltung zu unterstützen".[18] Pflegekräfte sind aufgrund psychischer Störungen häufiger in stationärer Behandlung als der Durchschnitt der Bevölkerung.[19]

„Der Beruf als Pflegekraft stellt ein erfüllendes, aber auch forderndes Tätigkeitsfeld dar. Gekennzeichnet ist die Tätigkeit z. B. durch körperliche Anstrengungen und psychische Belastungen, Schichtarbeit und Arbeitsprozesse [...]. Dies kann langfristig zu gesundheitlichen Beeinträchtigungen führen".[20]

2. Definition Stress

„Der Begriff ‚Stress' (lat. strictus: straff) wurde aus dem Englischen übernommen und bedeutet im technisch-physikalischen Kontext Druck, Belastung oder Spannung".[21] Cannon beschreibt in seiner Stresstheorie, dass das Stammhirn auf alles überraschende Neue reflexartig reagiert und es zwei Alternativen gibt: fliehen oder kämpfen. Die Organe werden auf Flucht oder Aggression durch die Ausschüttung von Adrenalin und Noradrenalin in Breitschaft gesetzt.[22] Wie Lazarus und Folkman darstellen, wurde Stress im wissenschaftlich- medizinischen Zusammenhang erstmals 1944 im Index der „Psychological Abstracts" benannt.[23]

Einer der ersten Stressforscher war Hans Selye (1953). Aufgrund seiner Forschungen in diesem Bereich wurde der Begriff Stress bekannt. Selye beschreibt Stress als ein spezielles Syndrom, welches aus unspezifischen Veränderungen innerhalb eines biologischen Systems besteht - das allgemeine Anpassungssyndrom (AAS). Nach Selye besteht die Stressreaktion aus drei Phasen:

1.	Alarmreaktion (körperliche Reaktion auf einen Stressor).

2.	Widerstandsphase (Halten des Körpers auf „Normalniveau" durch erhöhten Widerstand).

3.	Erschöpfungsphase (Zusammenbruch der Abwehr).

Weiter unterscheidet Selye zwischen Distress (negativem Stress) und Eustress (positivem Stress).[24]

Lazarus und Folkman beschreiben Stress als einen unangenehmen Erregungszustand, der entsteht, wenn man das Gefühl hat, dass die äußeren Anforderungen die eigenen Ressourcen übersteigen.[23]

Lazarus stellte zudem die transaktionale Stresstheorie auf. Hierbei fügt er den Faktor der kognitiven Bewertung mit ein, bei dem er in eine primäre (Stresssituation subjektiv relevant oder bedrohlich) und sekundäre Bewertung (Ressourcen zur Bewältigung vorhanden) unterscheidet.[23]

Die verschiedenen Definitionen von Stress haben gemein, dass „die Anforderungen der Umwelt die adaptive Kapazität eines Organismus stark in Anspruch nehmen oder übersteigen; dies führt zu psychologischen und biologischen Veränderungen, die die Personen dem Risiko einer Krankheit aussetzen können".[25]

2.1 Stressmodelle

Wie bereits in Kapitel 2 erwähnt, ist der Begriff Stress nicht einheitlich definiert. Um das Thema Stress nachvollziehbar zu beschreiben, ist es hilfreich, zunächst die einzelnen Stressmodelle zu unterscheiden. Hierzu gibt es verschiedene Sichtweisen von Stress. Entsprechend der jeweiligen Perspektive der stresstheoretischen Modelle können unterschiedliche Ansätze aufgezeigt werden. Die für dieses Buch relevanten stresstheoretischen Modelle werden im Folgenden herausgegriffen und beschrieben.

2.1.1 Biologische Stressmodelle

Bei den biologischen Stressmodellen handelt es sich um die körperliche Reaktionen, die als Antwort auf die Stressoren folgen.[21]

Vertreter der biologischen Stressmodelle sind beispielsweise Cannon (1932) und Selye (1953). Eine solche biologische Stressreaktion läuft im Körper aufgrund unterschiedlicher Systeme ab.

Da der Körper auf Stressoren reagiert, kommt es bei Bedrohung zu einer Stressreaktion, die verschiedene körperliche Reaktionen hervorruft: Zunächst werden Stresshormone (z. B. Adrenalin und Kortisol) freigesetzt, die dafür sorgen, dass mehr Energie für den Körper zur Verfügung steht und der Körper in der Lage ist zu kämpfen oder wegzulaufen, d. h. eine Kampf- oder Flucht-Reaktion zu zeigen.[26] Bei der Stressreaktion sind vor allem das limbische System im zentralen Nervensystem, der Kortext sowie das Stammhirn beteiligt. Es kommt zu einer Aktivierung des sympathischen Nervensystems und der Sympathikus-Nebennierenmark-Achse.[21] Der Sympathikus ist Teil des vegetativen Nervensystems und Antagonist des parasympathischen Nervensystems. Die Aufgabe beider Systeme besteht in der Regulierung der inneren Organe. Selye entwickelte das allgemeine Adaptionssyndrom, das sogenannte GAS (general adaption syndrome). Hierbei unterscheidet Selye drei Phasen:

1. Alarmreaktionsphase:

Während dieser Phase reagiert der Körper auf den Stressor, d. h. durch körperliche Erregung wird vermehrt Energie freigesetzt und der Organismus wird durch das „Fight-or-Flight-Syndrom" geschützt. Zusätzlich kommt es zu einer Steigerung des Sympathikus. Diese Alarmreaktion wird im Verlauf des Lebens häufig wiederholt.[24]

2. Resistenzphase:

Diese Phase wird auch als Widerstandsphase bezeichnet. Es besteht eine hohe physische Erregung, die in einer Resistenz gegenüber dem Stressor mündet. Das parasympathische System steuert jetzt dagegen und es folgt eine Reduzierung der Symptome der Alarmreaktion. Kommt es im weiteren Verlauf zu einer Anpassung an den Stressor, kann der Körper sich regenerieren. Gelingt die Anpassung nicht, kommt es zur Überforderung. Hält die Überforderung länger an, führt dies zur Erschöpfungsphase.[24]

3. Erschöpfungsphase:

Die Erschöpfungsphase kann Krankheiten (z. B. Depressionen) bis hin zum Tod nach sich ziehen. Die Fähigkeit, auf den vorhandenen oder auf neue Stressoren zu reagieren, ist reduziert.[24] Bei einer chronischen Belastung werden die Stresshormone über längere Zeit ausgeschüttet, was zu Störungen im Bereich des Herz-Kreislauf-Systems, des Stoffwechsels und des Immunsystems führen kann. Weiter können Lern- und Gedächtnisstörungen auftreten.[26]

2.1.2 Soziologische Stressmodelle

Im Vordergrund der soziologischen Stressmodelle steht der Stressor. Hierbei wird angenommen, dass die unterschiedlichen Stressoren spezifische Stressreaktionen hervorrufen. Dabei bedarf es verschiedener Verhaltensoptionen, um mit diesem Stressor umzugehen. Stressoren können positiv (z. B. Sport) oder negativ sein (z. B. Krankheiten). Die soziologischen Stressmodelle definieren Stress nach beobachteten Reiz-Reaktions-Beziehungen und nicht durch den Reiz oder die Reaktion allein betrachtet.[21] Stressoren lassen sich in drei Ebenen unterteilen.[27]

Tab. 1: Eigendarstellung: Ebenen der Stressoren (in Anlehnung an Anderson, 1991)

Stressoren der Ebene I:	Stressoren der Ebene II:	Stressoren der Ebene III:
chronische Stressoren	wichtige Lebensereignisse	tägliche Ereignisse
Stressoren aus dem sozialen und gesellschaftlichen Bereich. Z. B. Rassismus, Lärm, Armut etc.	Stressoren durch Lebensereignisse („live events"). Z. B. Scheidung, Schulabschluss, Heirat etc.	Stressoren auf der sog. Mikroebene. Z. B. Verkehr, häufige Unterbrechungen, Stress mit Vorgesetzten.

Stressoren der Ebene I können zu gesundheitlichen Störungen führen. Bei vermehrtem Aufkommen und innerhalb einer gewissen Zeit können sich Stressoren der Ebene II zu einer starken Belastung entwickeln. Dies kann zu Krankheiten führen oder vorhandene Krankheiten verstärken. Stressoren der Ebene III sind die Belastungen im Alltag. Hierzu zählen auch Spannungen und psychosoziale Konflikte sowie vermehrte Belastungen im beruflichen Kontext. Stressoren auf der Mikroebene (Ebene III) können eine gute Vorhersage für Krankheitsanzeichen sein. Chronische Belastungen auf der Mikroebene können die Gesundheit erheblicher beeinflussen als akut eintretende, kritische Lebensereignisse.[28]

2.1.3 Stressoren in Kliniken

Stressoren führen in den Kliniken maßgeblich zu Belastungen der MitarbeiterInnen. Die wichtigsten Stressoren können auf verschieden Bereiche unterteilt werden.

Stressoren aus der Arbeitsaufgabe sind:
- zu hohe qualitative und quantitative Anforderungen (PatientInnen, BewohnerInnen, Krankheitsbilder);
- Zeit- und Termindruck;
- Informationsüberlastung;
- widersprüchliche Arbeitsanweisungen von ÄrztInnen oder Pflegedienstleitungen;
- ständige Unterbrechungen und Störungen durch KollegInnen, PatientInnen, BewohnerInnen oder Angehörige.[29]

Stressoren aus der Arbeitsrolle sind:
- fehlende Eignung, mangelnde Berufserfahrung;
- zu hohe Verantwortung;
- unklare Aufgabenübertragung;
- fehlende Unterstützung und Hilfeleistung;
- fehlende Anerkennung.[29]

Stressoren aus der materiellen Umgebung sind:
- ungünstige Umgebungseinflüsse wie Lärm, elektrische Aufladungen, Kälte, Hitze, Zugluft;
- toxische Stoffe, biologische Stoffe, Nadelstiche;

- komplexe technische Systeme: Überforderung des menschlichen Denk- und Urteilsvermögens oder Überschreitung der Informationsaufnahme- und -verarbeitungskapazität; fehlende Hilfsmittel.[29]

Stressoren aus der sozialen Umgebung sind:
- schlechtes Betriebsklima;
- geringe oder schlechte Kommunikation;
- Konflikte mit Vorgesetzten und MitarbeiterInnen;
- Ständiger Wechsel der Umgebung, der MitarbeiterInnen und des Aufgabenfeldes;
- strukturelle Veränderungen im Unternehmen;
- Informationsmangel, z. B. bei Schichtwechsel;
- Unzureichende Kompatibilität von Beruf und Familie;
- Personalmangel.[29]

Stressoren aus der Arbeitsplatzeinbindung („behavior setting") sind:
- Einzelarbeitsplatz, z. B. nachts oder am Wochenende;
- weite Wege oder verwinkelte Flure, Ähnlichkeit der Stationen, Wohnbereiche oder Etagen.[29]

Stressoren aus der Person sind:
- Angst vor Aufgaben, Misserfolg, Tadel und Sanktionen;
- Angst vor eigenen Fehlern;
- fehlende soziale und kommunikative Kompetenzen;
- ineffiziente Handlungsstile;
- familiäre Konflikte.[29]

Meine persönlichen Erfahrungen zeigen, dass die Stressoren aus der Arbeitsaufgabe eine hohe Belastung für die Beschäftigten in den Kliniken aufweisen. Die Anforderungen steigen stetig, hierdurch wird der Zeit- und Termindruck immer stärker empfunden. Die ständigen Unterbrechungen der Arbeitsabläufe potenzieren dieses. Besonders durch die hohe Verantwortung, gepaart mit fehlender Unterstützung, zeigen sich die Stressoren aus der Arbeitsrolle.

Am häufigsten wird mir mitgeteilt, dass die fehlende Anerkennung für die geleistete Arbeit, ob von den PatientInnen oder Führungskräften sehr belastend wahrgenommen wird.

Bei den Stressoren aus der sozialen Umgebung zeigt sich in vielen Kliniken die subjektive Wahrnehmung eines schlechten Betriebsklimas, aufgrund von geringer oder schlechter Kommunikation (z. B. keine Begrüßung untereinander). Zudem werden viele Konflikte zwischen den unterschiedlichen Berufsgruppen beschrieben. Häufig wird ein Informationsmangel im ganzen Kommunikationssystem der Kliniken bemängelt. Der maßgebliche Hauptfaktor in den Klinken, der zu Stress führt, stellt der Personalmangel dar.

2.1.4 Psychologische Stressmodelle

Bei den psychologischen Stressmodellen stehen die kognitiven Stressmodelle im Vordergrund. Der Stressor (Reiz) muss nicht wie bei Selye einen Stressauslöser darstellen. Es geht mehr um die Wahrnehmung, die Informationsverarbeitung und die Problemlösung von Reizen. Hierbei ist es entscheidend wie der Reiz subjektiv interpretiert wird.[29] Einer der wichtigsten Vertreter der kognitiven Stressmodelle ist Richard Lazarus mit seinem transaktionalen Stressmodell.

Mithilfe des Stressmodells nach Lazarus lassen sich komplexe Stressempfindungen und deren Entstehungsprozesse erklären. Es macht deutlich, dass individuelle Faktoren das subjektive Stressempfinden beeinflussen. Zudem zeigt es Abläufe der Reaktion auf und ermöglicht somit die Bildung von Bewältigungsstrategien.[30]

Die Frage für das Ausmaß der Stressreaktion ist, ob das Individuum glaubt, eine Situation bewältigen zu können oder nicht, d. h. die Situation die eigenen Fähigkeiten und Kräfte übersteigt. Ein Reiz verursacht nicht deshalb Stress, weil er eine bestimmte Intensität hat, vielmehr wird er erst durch die subjektive Bewertung und Wahrnehmung zu einem Stressreiz. Bei der Primärbewertung wird der Reiz hinsichtlich seiner Gefährlichkeit bewertet. Je nach subjektiver Einschätzung kann der Reiz als schädigend, als bedrohend oder als herausfordernd eingestuft werden. Bei der Sekundärbewertung werden die Ressourcen, die einem Menschen zur Verfügung stehen, dahingehend bewertet, ob diese zur Bewältigung der Situation genutzt werden können. Empfindet das Individuum die Ressourcen als ausreichend, reduziert sich das Stressempfinden. Empfindet das Individuum die Ressourcen als nicht ausreichend, steigt das Stressniveau an. Je nach Bewertung der Ressourcen entwickelt das Individuum Coping-Strategien (Bewältigungsstrategien). Diese können unterschiedlich ausfallen: Zum einen problemorientiert, d. h. die Situation selbst wird geändert, zum anderen emotionsorientiert, d. h. der Bezug zur Situation wird geändert. Über Erfolgs- und Misserfolgserlebnisse lernt das Individuum, die verschiedenen Strategien einzusetzen. Erfolgreiche Strategien werden auch in Zukunft angewendet, Strategien, die zum Misserfolg führen, werden nicht mehr angewendet.

Die Neubewertungen erfolgen aufgrund der Reflexion der äußeren und inneren Bedingungen sowie der Bewältigungsstrategien.

Deren Ergebnis führt zu Anpassungen und Erkenntnisgewinn.[30] Grundsätzlich werden problemorientierte Copingstrategien häufig effektiver erachtet als emotionsorientierte Strategien. Wichtig erscheint der flexible situationsbedingte Einsatz von unterschiedlichen Verhaltensmustern.[31] Unter anderem untersuchten Stroebe und Jonas den Einfluss unterschiedlicher emotionszentrierter Bewältigungsstrategien auf die Gesundheit. Wenn Personen sich ihren Emotionen stellen, führt dies zu einer besseren Anpassung als vermeidende Copingstrategien (z. B. Distanzierung und Verleugnung). Vermeidende Copingstrategien können in einem frühen Stadium einer Traumatisierung hilfreich sein, bei fortwährender Verwendung können diese Strategien jedoch zu gesundheitlichen Schäden führen.[32]

2.1.5 Ressourcenfokussierte Stressmodelle

Bei den ressourcenfokussierten Stressmodellen stehen die Ressourcen eines Individuums im Vordergrund. Hierbei erfolgt eine Unterscheidung in intrapersonale und extrapersonale Ressourcen.[23] Intrapersonale Ressourcen beziehen sich hierbei auf Kompetenzen (z. B. soziale Fähigkeiten) oder auf psychologische Ressourcen (z. B. positives Selbstkonzept, optimistisches Denken) sowie auf physiologische Ressourcen (z. B. körperliche Verfassung). Extrapersonale Ressourcen sind Umweltressourcen wie z. B. soziale Unterstützung oder finanzielle Absicherung.[21]

Antonovsky (1997) brachte eine neue Perspektive mit ein. Hierbei betrachtet er weniger die Pathophysiologie („Was macht krank?"), sondern richtet den Fokus auf die Frage: „Was hält gesund?".

Sein Ansatz beruht nicht auf der Reduzierung der krankmachenden Störfaktoren, er wendet seine Aufmerksamkeit vielmehr der Stärkung von Ressourcen und Faktoren zu, die zu einer Verbesserung des Zustands beitragen.

Hierzu entwickelte Antonovsky das salutogenetische Modell.[33] Unter dem Begriff „Kohärenzgefühl" versteht Antonovsky, dass trotz gleichbleibender äußerer Bedingungen Unterschiede im Gesundheitszustand der Menschen vorhanden sind. Somit ist die individuelle Ausprägung der affektiv-motivationalen und kognitiven Fähigkeiten maßgeblich für die Nutzung vorhandener Ressourcen zum Erhalt der Gesundheit. Das Kohärenzgefühl beschreibt eine Stimmigkeit und deren Zusammenhang. Je stärker dieses Gefühl ausgeprägt ist, desto gesünder sollte der Mensch sein.[33]

Ein anderes Modell ist das Anforderungs-Ressourcen-Modell, dass Peter Becker (1994) entwickelte. Dieses Modell beruht unter anderem auf dem stresstheoretischen Modell der Salutogenese von Antonovsky.

Bei dem Anforderungs-Ressourcen-Modell wird davon ausgegangen, dass der Gesundheitszustand eines Menschen nicht nur von der Abwesenheit körperlicher Beeinträchtigungen abhängt, sondern genauso von der Nutzung vorhandener Ressourcen, die die Reduzierung von Belastungen sowie die Bewältigung von Anforderungen unterstützen.

Bei der Theorie der Ressourcenerhaltung (engl.: conservation of resources-theory, abgekürzt COR-theory) von Hobfoll (1998), werden die Ressourcen in Bedingungen (z. B. Familienstand), Persönlichkeitsmerkmale (z. B. Überzeugungen), Gegenstände (z. B. Haus) und Energien (z. B. Geld und Zeit) unterteilt. Bei Hobfoll steht die Verlusterfahrung als Stresskennzeichen im Vordergrund. Demnach tritt Stress ein, wenn ein Ressourcenverlust oder eine Bedrohung der Ressourcen eintritt.

Hobfoll sieht die Stressentstehung nicht wie Lazarus in den Komponenten Herausforderung, Bedrohung oder Schädigung, sondern geht von der Annahme aus, dass das Individuum nach Wachstum strebt,[33] - dies auch im Gegensatz zu Selye, der das Streben nach einem Gleichgewichtszustand beschreibt.

2.1.6 Arbeitsweltbezogene Stressmodelle

Von Karasek & Theorell (1990) stammt das Anforderungs-Kontroll-Modell. Bei diesem Modell steht das Verhältnis zwischen hoher bzw. geringer Kontrolle zu hoher bzw. geringer psychischer Anforderung im Vordergrund. Bedingungen können gesundheitsschädlich sein, wenn es sich um quantitativ hohe Anforderungen handelt und ein geringer Kontrollrahmen besteht. Förderlich für die Gesundheit sind eher Arbeitsbedingungen mit einer hohen Kontroll- und Einflussmöglichkeit, die die Entwicklung und Lernfähigkeit fördern.

Ein Kritikpunkt beim Anforderungs-Kontroll-Modell ist, dass es kein Copingverhalten beinhaltet.[21] Dieser Kritikpunkt wird im Modell „beruflicher Gratifikationskrisen" von Siegrist (1996) aufgegriffen, bei dem die individuellen Copingstrategien berücksichtigt werden.

Erfolgt in Situationen mit hohen Anforderungen keine entsprechende Gratifikation, so führt dies zu verstärktem Distress.[35]

3. Burnout

Burnout wird in den letzten Jahren immer mehr in der Öffentlichkeit und in Publikationen diskutiert.[36] „Die Diagnose Burnout (ausgebrannt) wird von den Ärzten zunehmend dokumentiert. Um nahezu das 9-fache sind die Krankheitstage zwischen 2004 und 2010 wegen Burnout angestiegen".[37] Ob Burnout öfter auftritt als früher, kann nicht geklärt werden. Fest steht allerdings, dass es grundsätzlich mehr thematisiert wird.[38] Burnout ist im ICD-10 nicht als klar definierte Krankheit aufgeführt: In Kapitel XXI - „Faktoren, die den Gesundheitszustand beeinflussen und zur Inanspruchnahme des Gesundheitswesens führen" - ist Burnout unter dem Schlüssel Z73 „Probleme mit Bezug auf Schwierigkeiten bei der Lebensbewältigung" erfasst. Hier wird Burnout unter Z73.0 „Ausgebranntsein [Burn-out]" aufgeführt. Bei den Z-Kategorien im ICD-10 handelt es sich um Diagnosen oder Probleme, die nicht als Krankheit in den anderen Kategorien des ICD-10 klassifizierbar sind.

Dieser Umstand hat bereits dazu beigetragen, dass die Existenz des Burnout-Syndroms bestritten wurde oder es generell als Modediagnose bezeichnet wird.[39] Die Deutsche Gesellschaft für Psychiatrie, Psychotherapie und Nervenheilkunde (DGPPN) hat 2012 ein Positionspapier zum Thema Burnout verfasst. In der Burnout-Diskussion sieht die DGPPN „erhebliche Verwirrungen und potenzielle Fehlentwicklungen. Die Spannweite der Diskussion reicht von der völligen Negierung der Relevanz des Burnouts als psychische Erkrankung bis hin zur Warnung vor einer tickenden, bisher übersehenen Zeitbombe".[40]

Aufgrund dessen warnt die DGPPN davor, den Begriff Burnout unkritisch und nicht wissenschaftlich zu gebrauchen und mit allen Störungen der Psyche, die in einem Zusammenhang mit der Arbeitsbelastung stehen, zu verwenden.[40]

Burnout wurde zu Beginn der Forschung überwiegend bei Berufen wie Pflegepersonal, ärztlichem Fachpersonal, LehrerInnen und SozialarbeiterInnen beschrieben. Im weiteren Verlauf der Forschungen wurden auch noch andere Berufsgruppen genannt.[41]

3.1 Defintion Burnout

Der Begriff Burnout wurde von dem amerikanischen Psychoanalytiker Herbert J. Freudenberger geprägt. Sein Konzept des „Burnout-Syndroms" stellte er erstmals 1974 vor und beschrieb hierbei die emotionale und psychische Erschöpfung - zunächst bei pflegerischen und sozialen Berufen.[42] Der Begriff Burnout wird häufig verwendet, um den Prozess des Ausbrennens zu beschreiben, der Begriff Burnout-Syndrom hingegen, um das Ende des Prozesses mit unterschiedlichen Symptomen zu beschreiben.[43] Es gibt unterschiedliche Definitionen von Burnout. Eine Definition aus der aktuellen Burnout- Forschung stammt von Ina Rösing:[44]

Burnout ist ein Zustand emotionaler-Erschöpfung am Beruf. Er geht einher mit negativen Einstellungen zum Beruf, zu den Inhalten oder den Mitteln des Berufs (Zynismus) oder zu den Partnern oder Klienten im Beruf (Depersonalisation). Hinzu kommt ein erheblich reduziertes Selbstwertgefühl in Bezug auf die eigene berufsbezogene Leistungsfähigkeit.

Eine weitere Definition haben Schaufeli und Enzmann aufgestellt: „Burnout ist ein dauerhafter, negativer, arbeitsbezogener Seelenzustand „normaler" Individuen. Er ist in erster Linie von Erschöpfung gekennzeichnet, begleitet von Unruhe und Anspannung (distress), einem Gefühl verringerter Effektivität, gesunkener Motivation und der Entwicklung dysfunktionaler Einstellungen und Verhaltensweisen bei der Arbeit".[45]

Fengeler beschreibt Burnout als „chronische oder akute Anpassung an kurzzeitigen oder lange anhaltenden Stress in den äußeren oder inneren Lebensumständen".[46] Eine einheitliche Definition des Begriffes Burnout oder eine Einigung über den Ursprung bleibt bis heute aus.[47]

3.2 Diagnose von Burnout

Eine Burnout-Diagnose stellt das ärztliche Fachpersonal vor eine große Herausforderung. Bei Erschöpfungssymptomen können ÄrztInnen sowie Laien dazu verleitet werden, die Diagnose eines Burnout-Syndroms zu stellen. Hierbei besteht die Gefahr, dass eine Depression übersehen wird oder dass ein Burnout-Syndrom, das keine Depression aufweist, als Depression klassifiziert und gegebenenfalls mit Medikamenten behandelt wird.[43] Die Deutsche Agentur für Health Technology Assessment (HTA) untersuchte in 36 Datenbanken Studien zur Diagnostik und Differenzialdiagnostik zu Burnout ab dem Jahr 2004. Das Ergebnis zeigte auf, dass keine differenzial-diagnostisch validierten Burnout-Messinstrumente vorhanden sind. Somit liegt es in der Beurteilung des ärztlichen Fachpersonals, eine Burnout-Diagnose zu stellen.

Die Komplexität bzw. Herausforderung besteht darin, etwas zu messen, was nicht klar definiert ist.[48]

Ein Instrument zur Diagnose das vielfach verwendet wird, ist das Maslach Burnout-Inventar (MBI). Dieses besteht aus einem Fragebogen zur Selbstbeurteilung. Hierbei werden mit 22 Items drei Dimensionen (emotionale Erschöpfung, Depersonalisation und persönliche Leistungsfähigkeit) gemessen.[43] Die Deutsche Agentur für Health Technology Assessment sieht die Verwendung des Maslach Burnout-Inventar kritisch. Das MBI zeigte eine zu einseitige und einfache Definition von Burnout auf, ohne theoretische Belege nachweisen zu können.[48]

Die Deutschen Gesellschaft für Psychiatrie, Psychotherapie und Nervenheilkunde (DGPPN) hat in ihrem Positionspapier von 2012 ein Konzept zur Burnout-Klassifikation dargestellt. Darin hält die DGPPN eine Differenzierung für wichtig und unerlässlich, um dem Thema Burnout gegenüber der Gesellschaft und den Krankenkassen Rechnung tragen zu können.[40]

„Die isolierte Betrachtung des Burnout-Beschwerdebilds greift unseres Erachtens zu kurz. Vielmehr müssen die dynamischen Zusammenhänge der arbeitsplatzbezogenen und individuellen Auslöserbedingungen einschließlich eventuell bestehender Krankheiten berücksichtigt werden".[49] Im DGPPN-Konzept sind unter Punkt 1 (Arbeitsüberforderung) durch individuelle- oder Arbeitsplatzfaktoren, die zu vegetativen Stresssymptomen und Erschöpfung führen können beschrieben. Sind diese vorübergehend, spricht man nicht von einem Burnout. Kommt es jedoch zu einer andauernden Belastung über einen längeren Zeitraum hinweg, sollte von einem Burnout ausgegangen werden. Erschöpfung, Zynismus und Leistungsminderung sind die Folge.

Hierbei kann der Burnout als Risiko-Zustand betrachtet werden, weil er psychische oder physische Folgeerkrankungen nach sich ziehen kann (z. B. Depressionen, Angststörungen, Tinnitus etc.).

Beachtet werden sollte, dass Krankheiten wie Multiple Sklerose, Krebs etc. eine Ursache für burnout-ähnliche Beschwerden sein können. Aus diesem Grund hält die DGPPN es für zwingend erforderlich, vor einer Burnout-Diagnose eine umfassende medizinische Untersuchung durchzuführen.[40]

3.3 Symptome von Burnout

„Die Symptomatologie von Burnout erweist sich bei genauerer Analyse als außerordentlich komplex, ist doch das Syndrom mittlerweile bei rund 60 Berufen und Personengruppen beschrieben worden".[50] Burisch hat in einer Synopse vieler Veröffentlichungen die Symptome in sieben Oberkategorien beschrieben:[38]

1. Warnsymptome der Anfangsphase

a) Überhöhter Energieeinsatz (z. B. Hyperaktivität, Verleugnung eigener Bedürfnisse)

b) Erschöpfung (z. B. Nicht-Abschalten-können, Unausgeschlafenheit)

2. Reduziertes Engagement

a) Für KlientInnen, PatientInnen etc. (z. B. Desillusionierung, größere Distanz zu KlientInnen)

b) Für andere allgemein (z. B. Verlust von Empathie, Zynismus)

3. Emotionale Reaktionen; Schuldzuweisung

a) Depression (z. B. Schuldgefühle, Hilflosigkeits-, Ohnmachtsgefühle)

b) Aggression (z. B. Reizbarkeit, Kompromissunfähigkeit)

4. Abbau

a) der kognitiven Leistungsfähigkeit (z. B. Konzentrations- und Gedächtnisschwäche, Entscheidungsunfähigkeit)

b) der Motivation (z. B. verringerte Produktivität, Dienst nach Vorschrift)

c) der Kreativität (verringerte Fantasie und Flexibilität)

d) Entdifferenzierung (rigides Schwarz-weiß-Denken, Widerstand gegen Veränderungen aller Art)

5. Verflachung

a) des emotionalen Lebens (Verflachung gefühlsmäßiger Reaktionen, Gleichgültigkeit)

b) des sozialen Lebens (z. B. Einsamkeit, Meidung informeller Kontakte)

c) des geistigen Lebens (z. B. Desinteresse, Aufgeben von Hobbys)

6. Psychosomatische Reaktionen

Z. B.

- Schlafstörungen

- Muskelverspannungen

- Verdauungsstörungen

- Engegefühl in der Brust

- Herzklopfen

7. Verzweiflung

- Negative Einstellung zum Leben

- Hoffnungslosigkeit

- Gefühl der Sinnlosigkeit

- Selbstmordabsichten

- Existentielle Verzweiflung

Die physiologischen Symptome des Burnout und die Symptome aus der physiologischen Stressforschung von Selye bezogen auf dessen allgemeines Anpassungssyndrom sind identisch.[38]

Eine Studie zur Gesundheit Erwachsener in Deutschland (DEGS1) stellte unter anderen fest: „Menschen mit einer starken Belastung durch chronischen Stress zeigen deutlich häufiger eine depressive Symptomatik, ein Burnout-Syndrom oder Schlafstörungen als Menschen ohne starke Belastung durch chronischen Stress".[51] Länger andauernde kognitiv-emotionale Stressbelastungen können zu einem Burnout führen.[52] Stress und Belastungen sind ein wichtiger Faktor für die Entstehung von Burnout.[53]

3.4 Ätiologie des Burnout

Der Verlauf von Burnout wird häufig als langsam beginnend und als langfristiger Prozess beschrieben.[54] Unterschiedliche AutorenInnen haben konvergente Aspekte der Ätiologie des Burnout ermittelt.

Innere und äußere ätiologische Faktoren für Burnout (in Anlehnung an Kaschka et al., 2011, S. 784):

Innere Faktoren/Persönlichkeitszüge:

- hohe Erwartungen, Ehrgeiz und Perfektionismus

- starkes Bedürfnis nach Anerkennung

- es anderen immer recht machen wollen

- eigene Bedürfnisse unterdrücken

- das Gefühl unersetzbar zu sein

- Einsatz und Engagement bis hin zur Selbstüberschätzung und Überforderung

- Arbeit als einzig sinngebende Beschäftigung
- Arbeit als Ersatz für soziales Leben

Äußere Faktoren:
- Zeitdruck
- schlechtes Arbeitsklima bis hin zu Mobbing
- wenig Autonomie/Mitspracherecht
- Druck von Führungskräften
- Mangel an positivem Feedback
- fehlende soziale Unterstützung
- schlechte Kommunikation untereinander (ArbeitgeberInnen, MitarbeiterInnen)
- hohe Arbeitsanforderungen

Eine Einordnung in innere und äußere Faktoren hat sich als evident und praktisch erwiesen.[50] Burisch ist der Überzeugung, dass diese inneren und äußeren Faktoren an der Entwicklung des Burnout beteiligt sind und unterscheidet hierbei zwischen „Selbstverbrenner" und „Opfer der Umstände". Beherrschen die inneren Faktoren die Persönlichkeit, führt das laut Burisch zum „Selbstverbrenner", zum aktiven Burnout. Gewinnen die äußeren Faktoren überhand, ist man eher „Opfer der Umstände", es kommt zu einem passiven Burnout.[55] Ein Beispiel für diese äußeren Faktoren beschreibt Burisch mit dem folgenden Fall: „Eine Krankenschwester schilderte, wie sich an ihrem früheren Arbeitsplatz, einer Intensivstation, die Anzahl der Beatmungsplätze innerhalb weniger Jahre vervielfacht habe; nicht so die Personalstärke".[55] Somit stiegen die Belastungen an.

3.5 Burnout-Modelle und -Theorien

Nur wenige Modelle und Theorien sind explizit bezogen auf das Thema Burnout.[38] Die unterschiedlichen Prozesse und Ursachen werden von verschiedenen AutorInnen unterschiedlich dargestellt. Burisch schreibt: „Alle diese Phasentheorien [...] beruhen auf intuitiven Typisierungsversuchen, nicht auf systematischen empirischen Studien".[55] Die DGPPN beschreibt, dass die Phasen- und Stufenmodelle nicht mit dem ICD-10 vereinbar sind.[49]

Für Menschen, die von Burnout betroffen sind, kann es eine Hilfe sein, anhand der Phasenmodelle den eigenen Erschöpfungsgrad zu reflektieren.[43] Einige Ansätze werden im Folgenden dargestellt.

3.5.1 Phasenmodell nach Freundenberger

Freudenberger hat den Burnoutverlauf in zwölf Phasen dargestellt. Dieser Verlauf ist wie folgt gegliedert:

1. Zwang, sich zu beweisen
2. Verstärkter Einsatz
3. Vernachlässigung eigener Bedürfnisse
4. Verdrängung von Konflikten und Bedürfnissen
5. Umdeutung von Werten
6. Zunehmende Verleugnung des Problems
7. Rückzug
8. Verhaltensänderung
9. Verlust des Gefühls für die eigene Person
10. Innere Leere

11.   Depression

12.   Völlige Burnout-Erschöpfung.[56]

Der Verlauf dieser Phasen muss nicht in der genannten Reihenfolge erfolgen. Phasen können länger dauern oder auch übersprungen werden. Ebenso ist es möglich, dass die Betroffenen in einer Phase verharren oder in eine vorherige Phase zurückfallen.[56]

3.5.2 Phasenmodell nach Maslach & Jackson

Maslach ist, wie auch Freudenberger, eine wichtige Vorreiterin in der Burnout-Forschung. Sie entwickelte das MBI, das Maslach Burnout-Inventar. Maslach und Jackson beschreiben Burnout als Syndrom aus drei Dimensionen.[57]

1.   Emotionale Erschöpfung (emotionale und körperliche Erschöpfung aufgrund von Belastungen)

2.   Depersonalisierung (Abgrenzung und Gleichgültigkeit gegenüber anderen)

3.   Reduzierter persönlicher Leistungsfähigkeit (Unzufriedenheit mit der eigenen Leistung)

Maslach entwickelte mit der Zeit diesen Ansatz weiter und betrachtete ab 1997 zusammen mit Leiter eher deren Auslöser in Organisationen. Sie beschrieben danach sechs Faktoren, die zum Burnout führen können:

1.   Arbeitsüberlastung

2.   Mangel an Kontrolle

3.   Ungenügende Belohnungen

4. Zusammenbruch des Gemeinschaftsgefühls
5. Mangelnde Gerechtigkeit (fairness)
6. Wertkonflikte.[58]

Andere wissenschaftlichen Arbeiten beziehen sich u. a. auch auf die drei Dimensionen nach Maslach und Jackson. Koehler und Koehler beschreiben z. B. emotionale Erschöpfung, Depersonalisation und verminderte Leistungsfähigkeit als die maßgeblichen Symptome und betrachten Burnout als ein arbeitspsychologisches Element.[59]

3.5.3 Ressourcentheoretische Perspektive

Bei dieser Perspektive der Burnout-Entstehung werden ebenfalls die drei Dimensionen von Maslach und Jackson verwendet. Es wird davon ausgegangen, dass durch das Aufkommen von einer Dimension die anderen beiden gesteigert werden können.[60] Hierbei wird der Prozess im Kontext mit der Theorie der Ressourcenerhaltung (COR-theory) nach Hobfoll verknüpft. Das heißt es kommt zu einer Ressourcenverlust-Burnout-Spirale aufgrund von Arbeitsbelastungen, wodurch Ressourcen verloren gehen. Können keine neuen Ressourcen gewonnen werden, erfolgt durch weiteren Stress ein Fortschreiten dieser Spirale.[60]

3.5.4 Gerechtigkeitstheorie

Die Gerechtigkeitstheorie nimmt an, dass Menschen - mit der Erwartung etwas dafür zurückzubekommen - im Kontakt mit anderen Menschen etwas investieren (z. B. Zeit und Zuwendung). Diese Verhalten kann zu einer asymmetrischen Rollenverteilung führen, was wiederum die Entstehung eines Burnouts begünstigt.

In der Krankenpflege bestehen zum Beispiel ausgeprägte Asymmetrien, insofern die Seite der Krankenpflege vorwiegend gibt und die anderen Seite der PatientInnen vorwiegend nimmt. Dadurch kann für die Pflegenden das Gefühl entstehen, trotz permanenter Aufopferung nichts zurückzubekommen. Dies kann dann gegebenenfalls zu den Symptomen der Kategorie 2 „Reduziertes Engagement" führen und in der Folge zu einen Burnout.[38]

4. Stress und Burnout in Kliniken

Bei einer Analyse von zehn Millionen AOK-versicherten ArbeitnehmerInnen wurde festgestellt, dass im Zeitraum von 2004 bis 2010 die AU-Tage (Arbeitsunfähigkeitstage) aufgrund von Burnout um das Neunfache gestiegen sind.[61] Im Bereich der Gesundheitsberufe ist die Zunahmen von Stress mit am höchsten, was unter anderem durch fehlende Pausen sowie Schichtdienste verursacht wird.[62] Die Fehltage aufgrund psychischer Störungen liegt im Bereich der Gesundheits- und Krankenpflege mit 3,4 AU-Tagen (je 100 beschäftigten MitgliederInnen) deutlich über dem Wert aller Beschäftigen.[11] So liegen auch die AU-Tage in Pflegeberufen aufgrund von Burnout über dem Wert des Durchschnitts aller Arbeitnehmer.[11] Auch die BKK zeigt diese Faktoren auf: „Im Mittel fallen 19,3 AU-Tage in den nichtmedizinischen Gesundheitsberufen an – dieser Wert liegt mehr als 3 Fehltage über denen der Beschäftigten insgesamt".[63] Bei der Diagnose Burnout (Z73) in der Gesundheits- und Krankenpflege ergeben sich 9 AU-Tage bei Männern und 12 AU-Tage bei Frauen.[63]

Die Teilzeitbeschäftigung nimmt aufgrund der Belastungen zu. In einer Studie von Becka et al. (2016) gaben 41% der befragten Teilzeitbeschäftigten an, eine Vollzeitbeschäftigung als zu stressig und belastend zu empfinden. In keinem anderen Berufsfeld dieser Befragung wurde die Arbeitsbelastung so hoch eingestuft.[4] Stress in Kliniken wird als Hauptursache für Fehler bei Behandlungen und bedenklichen Situationen oder für Unfälle betrachtet.[29] Als Ursache von negativem Stress bei Pflegekräften zeigen sich drei Hauptfaktoren: Arbeitsverdichtung, hoher bürokratischer Aufwand und zu wenig Zeit für die PatientInnen.

Daher leidet etwa ein Drittel des Pflegepersonals häufig unter psychischen Symptomen.[64] Wie bereits in der Einleitung beschrieben, zeigt die Internationale NEXT-Studie (Nurses Early Exit Study) erhöhte Burnout-Werte beim Pflegepersonal in Krankenhäusern auf. Die NEXT-Studie ergab unter anderem folgende Faktoren: Circa 30 % des Pflegepersonals in Deutschland litt im Jahr 2010 unter emotionaler Erschöpfung. Bei 15 % wurde ein Burnout festgestellt.[10]

Die Divergenz und die schwierige Planbarkeit der Arbeitsorganisation sowie die geringe Einflussnahme sind Aspekte für ein erhöhtes Burnout-Risiko.[15] Unabhängig von der Qualifikation der Beschäftigten, tritt Burnout in Krankenhäusern stärker auf als in ambulanten Pflegediensten.[65] Bei Pflegepersonal, das für sich wahrnimmt, die PatientInnen nicht adäquat pflegen zu können, zeigen sich sehr hohe Burnout-Werte. Ebenso tragen Differenzen bezüglich der Arbeitsinhalte dazu bei. In Deutschland zeigte sich, dass die wahrgenommenen erbrachten Leistungen des Pflegepersonals als sehr hoch eingestuft wurden. Die Gratifikation jedoch wurde als zu gering empfunden. Im Zusammenhang mit dem Modell „beruflicher Gratifikationskrisen" besteht hier ein höheres Stressrisiko.[65] Stress entsteht auch durch Arbeitsverdichtung sowie dem permanenten Umgang mit Tod und Krankheiten.[19] Des Weiteren erhöht sich das Risiko für ein Burnout bei Pflegekräften mit der Zunahme der zu pflegenden PatientInnen.[66] Bei einer Umfrage in Frankreich gaben 33 % des Pflegepersonals (Intensivstation) eine schwere Burnout-Symptomatik an.[67] In diesem Kontext zeigte sich zudem ein Zusammenhang zwischen Burnout und dem Verlassen des Berufes. Dabei neigen Pflegekräfte mit hohen Burnout-Werten eher dazu den Beruf aufzugeben.

Pflegekräfte im Krankenhaus gehen in der Regel trotz eigener gesundheitlicher Probleme, mit denen sie zu Hause bleiben sollten, zur Arbeit. Der Wert liegt hier bei 4,7 Tagen/Jahr.[3]

Oftmals führen die Arbeitsanforderungen in Klinken zu Überforderungen, die eine Burnout-Entwicklung begünstigen: Das Pflegepersonal muss freundlich sein, aber sich gleichzeitig sehr auf die Tätigkeiten konzentrieren. Selten nur bekommen die Mitarbeitenden Anerkennung und die Arbeitszeiten sind häufig nicht mit der Familie vereinbar. Zusätzlich ist die Entlohnung im Gesundheitswesen oftmals sehr gering. Angebote für die persönliche Weiterentwicklung fehlen häufig. Auch persönliche Faktoren haben Einfluss auf eine Burnout-Entwicklung. Dazu gehört unter anderem das eigene Verhalten im Beruf, wie z. B. das Helfersyndrom: Die ganze Energie wird in die Arbeit gesteckt, eigene Bedürfnisse werden missachtet. Wie bereits beschrieben, führt auch das Fehlen individueller Copingstrategien zu einer Erhöhung des Stresslevels.[29]

Weitere Einflüsse, die im Zusammenhang mit Burnout erfasst worden sind, zeigen sich durch gewisse persönliche Wesenszüge, wie Erschöpfung oder Müdigkeit, keine Geduld, vermehrte passive Aggression sowie die Wahrnehmung, keine Empathie für die PatientInnen aufbringen zu können und die Entwicklung von Gleichgültigkeit.[29] Diese Faktoren decken sich mit den Phasenmodell nach Maslach & Jackson. Die Folgen von Stress haben nicht nur Einfluss auf die Betroffenen, sondern auch auf deren Umwelt. „Stress beeinträchtigt also nicht nur die Beschäftigten, sondern – betrachtet man das Beispiel Krankenpflege – auch Patienten, Kollegen und Vorgesetzte, was sich wiederum negativ auf den Betrieb im Krankenhaus auswirkt".[68]

5. Konfliktmanagement

Wie zahlreiche Studien aufzeigen, entstehen durch Konflikte Belastungen für die MitarbeiterInnen in Unternehmen. Eine Studie der Deutschen Gesellschaft für Personalführung (DGFP) von 2011 erfasste bei den Top 5 Faktoren psychischer Belastungen für MitarbeiterInnen, dass Konflikte mit KollegInnen und/oder Führungskräften mit 76 % an zweiter Stelle der belastendsten psychischen Faktoren steht. Dieser Wert wird nur übertroffen von den privaten Belastungen und Problemen (78 %). Bei der Frage „Was denken Sie, ist die häufigste Folge psychischer Beanspruchung in Ihrem Unternehmen?" werden als wichtigste oder zweitwichtigste Folge mit 28% Konflikte im Team genannt.[6] Im Folgenden werden zunächst die Begriffe Konflikte und Konfliktmanagement definiert sowie Teile der Konfliktanalyse, Konfliktarten, Konflikteskalation und Konfliktmanagementinterventionen beschrieben.

5.1 Definition Konfliktmanagement

Vorerst wird der Begriff Konflikt definiert. In der Literatur zeigen sich sehr unterschiedliche Definitionen des Begriffs, der von dem lateinischen Wort configere: (zusammentreffen, kämpfen) stammt.[69] Prein definiert (sozialen) Konflikt folgendermaßen: „Wir sprechen von einem sozialen Konflikt, wenn wenigstens zwischen zwei Parteien die Interessen, Ziele, Rollen und/oder Auffassungen miteinander unvereinbar sind oder scheinen".[70] Bruno Rüttinger fasst einige der bereits erwähnten Faktoren zusammen: „Soziale Konflikte sind Spannungssituationen, in denen zwei oder mehrere Parteien, die voneinander abhängig sind, mit Nachdruck versuchen, scheinbare oder tatsächlich unvereinbare Handlungspläne zu verwirklichen und sich dabei ihrer Gegnerschaft bewusst sind".[71]

Friedrich Glasl hat aus verschiedenen Ansätzen mit dem Versuch einer prägnanten Eingrenzung folgende Definition entworfen:

Sozialer Konflikt ist eine Interaktion zwischen Aktoren (Individuen, Gruppen, Organisationen usw.), wobei wenigstens ein Aktor eine Differenz bzw. Unvereinbarkeiten im Wahrnehmen und im Denken bzw. Vorstellen und im Fühlen und im Wollen mit dem anderen Aktor (den anderen Aktoren) in der Art erlebt, dass beim Verwirklichen dessen, was der Aktor denkt, fühlt oder will eine Beeinträchtigung durch einen anderen Aktor (die anderen Aktoren) erfolgt.[72]

Der Begriff Konfliktmanagement ist in der Literatur nicht einheitlich definiert. Lippmann beschreibt: „Konfliktmanagement wird [...] verstanden als Konflikte erkennen, sie in ihrer Komplexität verstehen und sich mit den Konflikten in einer konstruktiven Art und Weise auseinanderzusetzen".[73] In der Studie „Konfliktmanagement - Von den Elementen zum System" wird der Begriff wie folgt beschrieben: „Konfliktmanagement ist der systematische und institutionalisierte Umgang mit Konflikten, durch den der Verlauf eines Konflikts gezielt beeinflusst wird. Auswahl und Gestaltung eines geeigneten Verfahrens sollen Transparenz, Steuerbarkeit und Effizienz der Konfliktbearbeitung sicherstellen".[74] Glasl bezeichnet die Eingriffe (Interventionen) in Konfliktsituation als Konfliktbehandlung. Den Begriff Konfliktbehandlung verwendet Glasl als Überbegriff für Konfliktlösung, Konfliktregelung, Konfliktmanagement usw.

Weiterhin teilt er den Begriff Konfliktmanagement in Bezug auf die Aspekte eines Konfliktes ein, auf den sie gerichtet sind. Hierbei handelt es sich um das Konfliktpotential, den Konfliktprozess und die Konfliktfolgen.[75]

Schwarz sieht die Interventionen bzw. Lösungen bei Konflikten anders: „[...] wirklich haltbare Lösungen bei Konflikten sind meist die, die von den Konfliktparteien selber gefunden werden. Alle Lösungen, die von Dritten gefunden werden, verlangen eine Unterordnung [...]". Weiterhin schreibt Schwarz: „In einer Hierarchie kann man Konflikte – vor allem im normalen Tagesablauf – nur schwer bearbeiten, weil man dazu aus dem normalen Ablauf heraustreten müsste. Dazu braucht man für den Anfang jedenfalls Hilfe – und später Übung".[76]

5.2 Konfliktanalyse

Eine maßgebliche Qualifikation für Führungskräfte stellt die Fähigkeit dar, Konflikte analysieren, bewerten und auflösen zu können.[77] Primär ist eine effektive Konfliktanalyse wichtig, um Lösungen zu erarbeiten und das Verhalten in Konflikten zu optimieren.[8] Glasl schreibt: „Konfliktdiagnose beginnt beim Wahrnehmen der Konfliktphänomene und gelangt so zum Erkennen der Konfliktmechanismen, die in den Parteien sowie in ihren gegenseitigen Beziehungen wirksam sind".[78] Schwarz sieht es als problematisch an, dass in vielen Unternehmen die Konflikte nicht anerkannt werden, weil z. B. aufgrund eines Hierarchiesystems Konflikte nicht erwünscht sind.[8] Eine Möglichkeit für die Konfliktanalyse beschreibet Glasl mit folgenden fünf Punkten[78]:

1.   die Konflikt-Issues, d. h. die von den Parteien in den Streit eingebrachten Konfliktpunkte, Streitgegenstände,

2.   den Konfliktverlauf, d. h. die Geschichte des Entstehens und Intensivierens der Spannungen,

3.   die Steakholders bzw. die Parteien des Konfliktes, ob Individuum, Gruppe oder ein grösseres soziales Gebilde,

4. die Postionen und Beziehungen der Parteien, sowohl ihre formell umschriebenen Positionen und Beziehungen als

5. auch die informellen Positionen und Beziehungen, die gegenseitigen Rollenkonstellationen usw.,

6. die Grundeinstellung zum Konflikt, inwiefern die Parteien die Differenz selbst lösbar achten, was sie sich von der Lösung erwarten und dergleichen mehr.

Bei Konflikten sollte nicht nur das Verhalten der Konfliktparteien beachtet werden, sondern auch die Strukturen der Organisation, die zu Konflikten führen können.[79]

5.3 Konfliktarten

Konflikte in Konfliktarten zu differenzieren oder zu klassifizieren, ist als ein Teil der Konfliktanalyse anzusehen.[80] In der Literatur wird eine Vielzahl verschiedener Konfliktarten beschrieben. Im Folgenden werden Konfliktarten herausgegriffen die in Zusammenhang mit Unternehmen und Organisationen stehen. Schwarz beschreibt u. a. folgende Gruppenkonflikte:

Führungskonflikte: Hierbei geht es um die Frage: Wer führt die Gruppe? Die formelle Führungskraft übernimmt nicht immer alle Funktionen ihrer Führungsaufgabe.

Rangkonflikte: Diese gibt es in jeder sozialen Einheit. Es geht um die Rangposition innerhalb einer Gruppe.

Außenseiterkonflikte: Hierbei geht es um Konflikte, die entstehen, wenn es nicht gelingt, AußenseiterInnen in die Gruppe zu integrieren.

Substitutionskonflikte: Es handelt sich um Konflikte, die nicht über den tatsächlichen Hintergrund bzw. die Ursache des Konfliktes ausgetragen werden. Der Konflikt wird auf einen anderen Konfliktgegenstand verschoben.[8]

5.4 Einstufung nach Konfliktfaktoren

Grundsätzlich liegen hinter Konflikten bestimmte Gründe, Anliegen oder Themen. Diese Konfliktfaktoren werden zum Teil in der Literatur auch als „Issues" (engl.: Problem) bezeichnet. Die Issues sind häufig für die Konfliktparteien unterschiedlich; je mehr es zu einer Konflikteskalation kommt, desto mehr entfernen sich die Issues der Konfliktparteien.[75] Unter anderem sind folgende Konfliktfaktoren in Unternehmen und Organisationen von Bedeutung:

Verteilungskonflikte: Hierbei geht es um die Verteilung von Ressourcen. Solche Ressourcen können in einer Organisation z. B. Gehalt, Größe und Ausstattung des Büros, Parkplatz etc. sein.[80]

Beziehungskonflikte: Hier geht es um die Beziehung zwischen den Menschen direkt. Konflikte entstehen oft, wenn Bedürfnisse verletzt oder Beziehungen durch verletzendes Verhalten belastet werden. Es kann zu Substitutionskonflikten kommen.[80]

Zielkonflikte: Diese entstehen, wenn es Unvereinbarkeiten bezüglich der Ziele gibt.[80]

Wertekonflikte: Sie gehören zu den komplexen Konflikten, weil Werte zur individuellen Person gehören und nicht einfach neutral zu betrachten sind. Das macht Lösungen schwierig.[80]

<u>Rollenkonflikte</u>: Sie entstehen, wenn die Konfliktparteien verschiedene Erwartungen an die Rollen haben oder Inhaber unterschiedlicher Rollen sind.[81]

Um solche Konfliktfaktoren zu analysieren, ist es hilfreich, diese zu hinterfragen. Für eine solche Analyse der Konfliktprobleme (Issues) führt Glasl folgende Fragen an[82]:

1. Welche Issues sind trotz aller Differenzen unstrittig?

2. Welche Issues bringen die unterschiedlichen Parteien vor?

3. Welche Issues sind mit welchen Parteien verknüpft? Inwieweit decken sich die Issues der Parteien?

4. Wie weit kennen die Parteien die Issues der Gegenseite?

5. Wie sind die Issues – im Erleben der Parteien – miteinander verknüpft?

6. Wie stark sind die Parteien emotional auf die Issues fixiert?

7. Beziehen sich die Issues auf die Objektsphäre oder auf die Subjektsphäre?

5.5 Eskalationsstufen nach Glasl

Der österreichische Konfliktforscher Friedrich Glasl wird in der wissenschaftlichen Literatur häufig in Bezug auf Konflikte zitiert. „Organisationsentwicklung und Konfliktmanagement sowie deren wissenschaftliche und methodische Weiterentwicklung sind eng mit dem Namen Friedrich GLASL verknüpft. Im deutschsprachigen Raum gehört er zu den Pionieren auf diesen Gebieten".[83]

Glasl hat u. a. die Eskalationen von Konflikten erforscht und beschreibt eine Eskalationsdynamik mit fünf Basismechanismen:

1. Die Konfliktgegner sehen die Ursachen der Probleme nur beim Gegner und übertragen alles Negative auf die gegnerische Konfliktpartei. „Zunehmende Projektion bei wachsender Selbstfrustration".[84]

2. Die Konfliktgegner ziehen immer mehr Faktoren mit in den Konflikt, erhöhen dadurch die Komplexität der Streitinhalte und tendieren dazu, die Situation zu vereinfachen. „Ausweitung der strittigen Themen bei gleichzeitiger kognitiver Komplexizitätsreduktion".[84]

3. Die Konfliktgegner tendieren zu vereinfachten Erklärungsmodellen über Ursache und Wirkung des Konflikts. „Wechselseitige Verflechtung von Ursache und Wirkung bei gleichzeitiger Simplifizierung der Kausalitätsbeziehungen".[84]

4. Die Konfliktgegner beziehen andere Personen zur Unterstützung mit ein und die tatsächlichen „Face-to-face-Kontakte" werden reduziert. „Ausweitung der sozialen Arena bei gleichzeitiger Tendenz zum Personifizieren des Konfliktes".[84]

5. Es kommt zu vermehrter Androhung von Gewalt, um dem Gegner zum Aufgeben zu bringen und die Eskalation zu „bremsen". Dies führt eher zu einer Beschleunigung der Eskalation, insofern der Gegner ebenfalls mit vermehrter Androhung von Gewalt reagiert. „Beschleunigen durch bremsen".[84]

Aufgrund dieser Eskalationsdynamik entwickelte Glasl das Phasenmodell der Eskalation. Hierbei unterscheidet Glasl neun Stufen und drei Ebenen. Im Folgenden werden die neun Stufen der Konflikteskalation kurz beschrieben:

1. Verhärtung

Meinungen treffen aufeinander. Die Standpunkte verhärten sich. Die Konfliktgegner sind der Überzeugung, durch Gespräche sei eine Lösung noch möglich.[75]

2. Debatte und Polemik

In den unterschiedlichen Postionen bilden sich Polarisierungen. Es entsteht ein Schwarz-Weiß-Denken. Zudem kommt es zu Abwertungen des Gegners und die Frage, wer recht hat, drängt sich in den Vordergrund.[75]

3. Taten statt Worte

Die Überzeugung entsteht, dass eine weitere Kommunikation nicht mehr zielführend ist. Es folgen Taten z. B. in Form von vollendeten Tatsachen. Das Misstrauen wird größer und die Empathiefähigkeit sinkt.[75]

4. Der Konflikt wird ausgeweitet

Andere Personen werden mit einbezogen, um Unterstützung zu bekommen. Das eigene Image wird positiv dargestellt und der Gegner herabgesetzt.[75]

5. Gesichtsverlust

Der Gegner wird in der Öffentlichkeit „demaskiert" damit er sein Gesicht verliert. Die Öffentlichkeit soll wissen, dass der Gegner schlecht ist und man selbst korrekt.[75]

6. Drohstrategien

Gewalttendenzen steigen an. Drohungen oder Erpressungen werden ausgesprochen.[75]

7. Begrenzte Vernichtungsschläge

Die Drohungen werden in die Tat umgesetzt. Der Gegner wird als Objekt gesehen.[75]

8. Zersplitterung

Es werden Taktiken eingesetzt, um dem Gegner existenziell zu schaden. Dabei wird versucht, den eigenen Schaden gering zu halten.[75]

9. Gemeinsam in den Abgrund

Ab hier gibt es kein Zurück mehr. Der Gegner soll vernichtet werden, selbst dann, wenn man selbst dabei vernichtet wird.[75]

Phase 1-3 wird als „win-win"-Phase bezeichnet, weil hier die Erwartung vorherrscht, dass der Konflikt gemeinsam zu lösen ist und beide Seiten gewinnen können.

Phase 4-5 wird als „win-lose"-Phase bezeichnet - die Erwartungen haben sich verändert: Es wird davon ausgegangen, dass eine Seite verlieren wird.

Phase 6-9 wird als „lose-lose"-Phase bezeichnet. Beiden Seiten ist klar, dass niemand mehr gewinnen kann. Es gibt nur noch Verlierer.[75]

5.6 Konfliktmanagementmethoden

In der Literatur sind verschiedene Methoden zum Konfliktmanagement beschrieben. Nicht alle Konflikte sind so akut, dass umgehend interveniert werden muss. Die meisten Konflikte können in Ruhe reflektiert und aufgelöst werden.[85]

Es ist von Vorteil, betriebliche Strukturen aufzubauen, die eine konstruktive Streitkultur bieten und die individuellen Widerstandsfähigkeiten fördern. In Kliniken ist der effektive Umgang mit Konfliktmanagementmethoden noch nicht alltäglich. Aufgrund der Hierarchien werden Konflikte häufig nicht ernst genommen oder durch Machtinstanzen beendet, was zu Unmut bei den MitarbeiterInnen führt.[77]

Im Folgenden drei allgemeine Konfliktmanagementmethoden ausgewählt und dargestellt.

5.6.1 Konstruktive Konfliktbearbeitungsansätze

Müller-Fohrbrodt hat die acht konstruktiven Konfliktbearbeitungsansätze beschrieben:

1. Partnerschaftlich-kooperative Ansatz

Hierbei besteht das Ziel darin, die Kooperation der Konfliktparteien zu fördern und nach Möglichkeit eine Befriedigung aller Interessen zu erarbeiten.[86]

2. Konstruktiv-verbessernde Ansatz

Bei diesem Ansatz ist das Bestreben vorherrschend, den Konflikt aus einer anderen Ebene zu betrachten, um Lösungen durch Prozesse des Umlernens zu erreichen. Dabei ist die Fähigkeit zur Selbstreflexion wichtig.[86]

3. Kreativ-problembearbeitende Ansatz

Es geht darum, den Problemrahmen zu verlassen und die Lösungen zu fokussieren. Dabei sollen die subjektiven ichbezogenen Wahrnehmungen aufgelöst werden.[86]

4. Respektvoll-tolerierende Ansatz

Dieser Ansatz fokussiert den Respekt der anderen Interessen, die Akzeptanz von Widersprüchen. Die Konfliktparteien gehen davon aus, nicht gleicher Meinung sein zu müssen, um zusammen eine Lösung zu erarbeiten.[86]

5. Argumentativ-nicht-manipulierende Ansatz

Hierbei werden alle Manipulationen unterlassen und die Konfliktparteien legen ihre Informationen voll und ganz offen. Diese werden von der anderen Seite akzeptiert, ohne sie zu verändern.[86]

6. Selbstreflexive Ansatz

Die Konfliktparteien reflektieren, welchen Anteil sie selbst am Konflikt haben und nehmen Abstand von Schuldzuweisungen.[86]

7. Aktiv-wählende Ansatz

Der Grundsatz lautet hier: Aktives Handeln führt zu Veränderungen. Die Konfliktparteien sollen ihre Möglichkeiten beurteilen und Entscheidungen treffen.[86]

8. Rational-emotionale Ansatz

Hier werden sowohl die Emotionen der Konfliktparteien als auch die sachlichen Faktoren gleichwertig berücksichtigt. Es wird angenommen, dass nur beide Faktoren miteinander zur Lösung beitragen können.[86]

5.6.2 Strategiemodell der Eskalationsstufen

Aufgrund der Eskalationsstufen können zielgerichtete Interventionen durch Drittparteien (z. B. Führungskräfte) in Form von unterschiedlichen Rollenmodellen (ModeratorInnen, VermittlerInnen etc.) erfolgen. Hierbei gibt es Überschneidungen innerhalb der Eskalationsstufen. Diese Überschneidungen werden durch die vielen Besonderheiten der Konfliktdiagnose bestimmt.[75]

Stufe 1–3: Moderation

Befindet sich der Konflikt im Bereich der Eskalationsstufe 1 (Verhärtung) bis 3 (Taten statt Worte), kann die Drittpartei als ModeratorIn agieren. Die Moderatorin oder der Moderator fördert dabei die „Selbstheilungskräfte" der Parteien und geht davon aus, dass die Parteien den Konflikt selbst bewältigen können.[75]

Stufe 3–5: Prozessbegleitung

Innerhalb dieser Stufen sind die Konfliktparteien häufig nicht in der Lage, den Konflikt selbst zu lösen. Bei der Prozessbegleitung sollte primär Vertrauen bei den Parteien aufgebaut werden, Hilfestellungen für beide Parteien sind dabei sinnvoll.[75] In einigen Fällen kann es zielführend sein, einigen Betroffenen ein zusätzliches Coaching anzubieten.[87]

Stufe 5–7: Vermittlung

Ab Stufe 6 (Drohstrategien) bzw. 7 (begrenzte Vernichtungsschläge) findet keine Kommunikation und kein Kontakt mehr zwischen den Konfliktparteien statt. Hier ist eine Vermittlung das Mittel der Wahl. Bei der Vermittlung wird der Prozess der Eskalation unterbrochen, um eine Kommunikationsebene zwischen den Parteien wiederherzustellen. In schwierigen Fällen kann ein Schiedsverfahren eingeleitet werden.[75]

Stufe 7–9: Machteingriff

Bei extremen Konflikten kann eine Machtinstanz (z. B. Vorgesetzte) eingreifen. Ziel der Machtinstanz sollte sein, weiteren Widerstand zu verhindern und den Konflikt beizulegen, im positiven Fall können die Konfliktparteien die Gesamtsituation dann neu bewerten.[75]

5.6.3 Das Werte- und Entwicklungsquadrat

Eine andere Möglichkeit, mit Konflikten umzugehen, ist die Betrachtung der jeweiligen Werte und Entwicklungsmöglichkeiten der Konfliktparteien. Schulz von Thun hat hierfür das Werte- und Entwicklungsquadrat aufgestellt, das in seiner Grundform von Hellwig (1967) stammt.

Das Werte- und Entwicklungsquadrat ist ein hilfreiches Modell zur zielgerichteten Intervention.[88] Im Folgenden wird der Aufbau des Werte- und Entwicklungsquadrats (Abb. 1) kurz erläutert.

Abb. 1: Eigendarstellung: Werte- und Entwicklungsquadrat (in Anlehnung an Schulz von Thun, 2014)

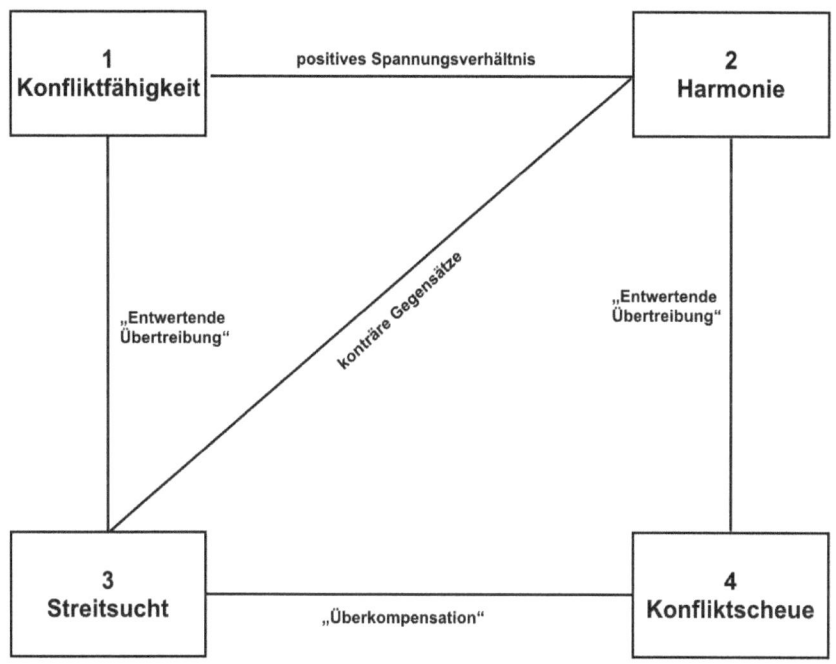

In der oberen Linie befinden sich die positiven Werte, in diesem Beispiel die Konfliktfähigkeit und die Harmonie. Diese stehen in einem positiven Spannungsverhältnis. Die Diagonalen bezeichnen Gegensätze zwischen einem Wert und einem Unwert. Die senkrechten Linien bezeichnen die entwertende Übertreibung, in diesem Beispiel die Streitsucht und die Konfliktscheue. Die untere Verbindung zwischen zwei Unwerten stellt den Weg dar, wenn jemand von einem Unwert in den anderen flüchtet. Dies stellt dann eine Überkompensation dar, da die Kraft fehlt, sich in Richtung der oberen Pluswerte zu entwickeln.

Die allgemeine Struktur des Werte- und Entwicklungsquadra-
tes ist dadurch gekennzeichnet, dass ein Wert nur zu einer
konstruktiven Wirkung gelangen kann, wenn er sich in einer
Balance zu einem positiven Gegenwert befindet. Ein Wert bezeichnet hierbei eine Tugend oder ein Persönlichkeitsmerkmal. Ohne diese Balance kommt es zu einer „entwertenden
Übertreibung".[88]

„Beim Wertequadrat ist die Vorstellung eines optimalen Fix-
punktes aufgegeben und durch die Vorstellung einer dynamischen Balance ersetzt [...]".[89] Ziel ist es, ein positives
Spannungsverhältnis anzustreben, wie beispielsweise in Abb.
1 das Verhältnis zwischen Konfliktfähigkeit und Harmonie.
Durch eine „entwertende Übertreibung" verkommt ein positi-
ver Wert zu einem Unwert, wie im Beispiel die Harmonie zur
Konfliktscheue.[88] Das Werte- und Entwicklungsquadrat können Führungskräfte z. B. effektiv als Vorbereitung für ein
Konfliktgespräch nutzen.[90]

Hierbei hat Schulz von Thun folgenden Ansatz entwickelt: A +
K = E. Hierbei ist „A" = Akzeptanz, „K" = Konfrontation und
„E" = Entwicklung. Dieser Ansatz beinhaltet, dass im Ge-
spräch zunächst Positives herausgestellt wird (Akzeptanz),
eine Gegenüberstellung mit möglichen negativen Folgen
stattfindet (Konfrontation) und darauf aufbauend ein Entwick-
lungsweg (Entwicklung) aufgezeigt wird.[90]

Das Werte- und Entwicklungsquadrat hilft in der bestehenden
Konfrontation, nicht nur das Negative zu sehen, sondern immer auch einen positiven Wert des „Gegners" mit in den Blick
zu nehmen, der damit auch gewürdigt werden sollte. Die Annahme ist, dass jede Person positive Attribute hat, die weiterentwickelt werden können.[88]

6. Konflikte in Kliniken

„Leute, die miteinander zu schaffen haben, machen einander auch zu schaffen [...]".[91] Konflikte bestehen somit auch im klinischen Alltag. Konflikte in Kliniken können u. a. aufgrund von sozialen Stressoren entstehen. Soziale Stressoren können sich zum einen als Konflikte im zwischenmenschlichen Miteinander durch Beziehungskonflikte darstellen. Zum anderen können sie sich als Konflikte bezüglich des Arbeitsinhalts der Organisation zeigen. Diese Konflikte haben häufig ungünstige Auswirkungen auf den psychischen Zustand der MitarbeiterInnen.[5]

Ein wichtiger Faktor, der mit einen Burnout-Syndrom in Verbindung steht, ist das Arbeitsklima. Konflikte mit der Belegschaft, der Ärzteschaft oder den PatientInnen steigern das Risiko für das Auftreten eines Burnout-Syndroms.[92] „Die Arbeit in einem Krankenhaus bietet viel Nährboden für Konflikte. Dabei sind häufig nicht nur die Patienten der Anlass, sondern auch die Zusammenarbeit mit den Kollegen anderer oder der eigenen Berufsgruppe".[93] Somit sind Konflikte in Kliniken nicht untypisch, gerade weil hier die Ärzteschaft und die Pflegekräfte gemeinsam am Wohl der PatientInnen arbeiten.[94]

In einer Studie im Jahr 2011 wurde festgestellt, dass die Unzufriedenheit des Pflegepersonals aufgrund fehlender Wertschätzung mit 62 % am höchsten ist. Stress folgt mit 56 %.[95] In einer Studie aus dem Jahr 2017 wird erneut die fehlende Wertschätzung mit 56 % angegeben, die Zusammenarbeit im Team empfinden lediglich 22 % als gut.[96] In der NEXT- Studie aus dem Jahr 2005 wurden unter anderem die sozialen Aspekte untersucht.

„Unter sozialen Aspekten bei der Arbeit werden einerseits die Unterstützung durch Vorgesetzte und Kollegen und andererseits das Verhältnis zwischen den Pflegenden und anderen Berufsgruppen zusammengefasst".[97]

Die Ergebnisse zeigen auf, dass vor allem in Krankenhäusern Spannungen und Feindseligkeiten bestehen. Deutlich tritt eine schlechte Zusammenarbeit zwischen Pflegepersonal und Pflegedienstleitungen zutage. „Im Krankenhausbereich berichtet jede/r Vierte von einem angespannt/feindseligen Verhältnis zur Pflegedienstleitung." „In weiterführenden Analysen zeigte sich, dass sich das Verhältnis zur Pflegedienstleitung am stärksten (im Vergleich zu Stationsleitungen, Verwaltung etc.) auf die gefühlsmäßige Bindung an die Einrichtung auswirkt".[97]

Möglich sind auch Rollenkonflikte. Ein Rollenkonflikt ergibt sich u. a. aus dem Konflikt zwischen Familienleben und Arbeit, wenn durch die berufliche Rolle die familiäre Rolle nicht ausreichend gelebt werden kann.[3] Durch die hohen Arbeitsbelastungen (Überstunden, Nachtdienste etc.) und Stress werden Konflikte nicht immer beachtet und somit nicht frühzeitig aufgelöst.[98]

Die Hierarchien in Kliniken tragen zusätzlich zu Störungen bei: „Hierarchische Strukturen können darin resultieren, dass Entscheidungen nicht hinterfragt und zum Teil unverstanden umgesetzt werden. Dies kann zu inneren Konflikten führen". Weiter schreibt Pilartz: „[...] wo im hierarchischen Aufbau sich die Entladung nach oben verbietet, entsteht eine kompensatorische Entladung: Sogenannte Unternehmenspathologien treten auf. Burn Out, innere Kündigung und Mobbing sind typische Fehlentwicklungen".[99]

7. Ergebnisse der Interviews in den Kliniken

Im Rahmen der Auswahl der ExpertInnen wurde auf ein ausgewogenes Verhältnis zwischen MitarbeiterInnen und Führungskräften geachtet. Des Weiteren wurden Expertinnen und Experten gewählt, die mehrjährige Berufserfahrungen haben, um einen hochwertigen Beitrag zu gewährleisten. Die Berufserfahrungen der Experten lagen zwischen 11 und 40 Jahren. Die Stichprobe besteht aus drei ÄrztInnen und zwei Pflegedienstleitungen (Führungskräfte) sowie fünf Personen aus dem Bereich der Pflege (MitarbeiterInnen), wovon eine Person zusätzlich auch die Stationsleitung innehat.

Die Befragten sind in zwei Kliniken in Niedersachsen beschäftigt. Die zehn ExpertInneninterviews erfolgten zu je 60 Minuten pro Person. Das ärztliche Fachpersonal und die Pflegedienstleitungen waren hierbei geeignet, ihre Erfahrungen mit den Themen Stress, Burnout und Konflikten zu beschreiben. Weiter konnten das ärztliche Fachpersonal sowie die Pflegedienstleitungen ihren jeweiligen Umgang mit Konflikten und ihrer Erfahrung bei der Verwendung von Konfliktmanagementmethoden darstellen. Das Pflegepersonal ist geeignet, um darzustellen, inwieweit ein adäquater Umgang mit Konflikten durch das ärztliche Fachpersonal und die Pflegedienstleitungen hilfreich ist, um Einflüsse von Stress und Burnout zu reduzieren.

Zur Auswertung der Interviews wurden die Stufen der qualitativen Inhaltsanalyse nach Mayring (2015) angewandt.

1. Wahrnehmung von Stress

Ein wesentlicher Faktor, der zu Stress führt, ist Personalmangel. Die Befragten beschreiben einen Pflegenotstand, weil es nicht mehr ausreichend Bewerber und Bewerberinnen für den Bereich der Krankenpflege gibt. Ebenso wird in der Ärzteschaft ein Personalmangel wahrgenommen. Durch den Personalmangel entsteht ein hohes Zeitdefizit, das für alle Beteiligten zu Stress führt. Das ärztliche Fachpersonal hat nicht immer Zeit für die Pflegekräfte und ist daher nicht jederzeit ansprechbar. Aufgrund des fehlenden Personals können die PatientInnen nicht ausreicht betreut werden.

Aus Sicht der Pflegekräfte erfolgen zu viele Abrufe aus ihrer Freizeit, sie müssen oft einspringen, was als sehr stressig empfunden wird. Zusätzlich wird der Bereitschaftsdienst als Druck empfunden, da es jederzeit zu einem Einsatz kommen kann. Weiterhin führen der hohe bürokratische Aufwand sowie der wirtschaftliche Druck zu Zeitverlusten, wodurch die Pflegekräfte den PatientInnen und deren Angehörigen nicht gerecht werden können. Durch den Zeitmangel kommt die Kommunikation innerhalb des Teams zu kurz, was wiederum zu täglichen Konflikten führt. Konflikte werden als Stress empfunden, sowohl innerhalb des Teams als auch mit Vorgesetzten. Der Zeitmangel hat Termindruck zur Folge, der als weiterer Stressfaktor wahrgenommenen wird, vor allem in Akutsituationen, in denen schnell gehandelt werden muss. Fehlende Pausenregelungen und das Gefühl, allen gerecht werden und zwischen den Aufgaben hin und her springen zu müssen, führen zu Stress und zu Rollenkonflikten.

Im Bereich der PatientInnenversorgung werden viele verschiedene Stressoren wahrgenommen. Aufgrund erheblicher Belastungen und innerem Druck ist eine Konzentration auf die eigentliche Tätigkeit nicht immer möglich, die gewünschte Arbeit kann so nicht erledigt werden, worunter wiederum die PatientInnen leiden.

Durch das hohe Arbeitsaufkommen und viele Unterbrechungen wie z. B. dem Klingeln der PatientInnen mit der Notrufklingel, häufige Störungen durch das Telefon sowie Fehlalarmen mit akustischen Signalen kommt es zur einer Arbeitsüberlastung. Zudem gibt es aggressive PatientInnen, die z. B. schlagen, treten oder spucken, was für die MitarbeiterInnen eine große Herausforderung darstellt und hohen Stress erzeugt. Die PatientInnen und deren Angehörige haben hohe Erwartungshaltungen, Fragen und Wünsche und es kommt aufgrund unterschiedlicher Kulturen zu kulturellen Problemen.

Durch die gegebenen internen Strukturen fehlt häufig das Verständnis füreinander sowie für die anderen Arbeitsbereiche, was zu Stresssituationen an den Schnittstellen führt. Die Zusammenarbeit mit den ÄrztInnen empfinden die Pflegekräfte als stressig, weil es u. a. aufgrund von Sprachbarrieren mit ausländischen ÄrztInnen zu Fehlern in der Kommunikation kommt und schriftliche ärztliche Anweisungen nicht richtig entziffert werden können. Zusätzlich führen Meinungsverschiedenheiten zwischen den ÄrztInnen und Pflegekräften über die Versorgung von PatientInnen zu Stress. Die Pflegekräfte haben das Gefühl, vom ärztlichen Fachpersonal nicht akzeptiert und anerkannt zu werden.

Die Pflegedienstleitungen empfinden Stress, weil es zu viele Anfragen von MitarbeiterInnen gleichzeitig gibt und sie Probleme lösen müssen, für die sie nicht zuständig sind.

Auch sind die MitarbeiterInnen bei Problemen nicht immer lösungsorientiert. Bei Stress werden die MitarbeiterInnen genervt und brauchen für Ihre Aufgaben mehr Zeit; somit führt der Stress zu negativen Verhaltensänderungen beim Personal.

2. Wahrnehmung von Burnout

Einige der Befragten sehen Burnout als eine Modeerscheinung und als einen Modebegriff, den sie synonym mit Depression verstehen. Sie haben die Erfahrung gemacht, dass der Begriff teilweise voreilig verwendet wird. Es zeigte sich, dass mehrere der Befragten bereits Erfahrungen mit dem Thema haben, entweder weil sie persönlich davon betroffen waren oder MitarbeiterInnen kennen, die ein Burnout haben bzw. hatten. Persönlich Betroffene schilderten, dass sie das Leiden und Sterben von PatientInnen nicht mehr ertragen konnten. Sie berichteten, die Entstehung des Burnouts bei sich selbst am Anfang nicht erkannt zu haben. Der Burnout-Prozess sei schleichend verlaufen. Die Betroffenen konnten reflektieren, dass sie während dieser Phase zu perfektionistisch waren und zu viele Aufgaben hatten. Im Lauf der Zeit wurden sie zunehmend erschöpfter und müde und waren nicht mehr handlungsfähig. Dazu kamen Schlafstörungen und Suizidgedanken sowie Depressionen.

In der Fremdwahrnehmung bei MitarbeiterInnen haben die Befragten festgestellt, dass dieses „Ausgebrannt-Sein" über einen längeren Zeitraum verläuft. Die Betroffenen klagen über Müdigkeit, Reizbarkeit, Erschöpfung und Schlafstörungen, werden lethargisch und sind häufiger krank. Vor allem wurde bei den Betroffenen vor dem Stillstand ein zunehmender Zynismus wahrgenommen. Einige Betroffene seien trotz ihrer Erschöpfung weiter eingesprungen und hätten zusätzliche Dienste übernommen. Die betroffenen MitarbeiterInnen hätten sich in ihrem Wesen verändert, seien nicht mehr engagiert gewesen und hätten sich zurückgezogen, obwohl sie sonst sehr präsent gewesen waren.

Von außen wurde wahrgenommen, dass es häufig die MitarbeiterInnen seien, die hoch motiviert sind, hohe Ansprüche an sich selbst haben, Überstunden machen, sich sehr engagieren und es allen recht machen wollen. Die Betroffenen wiederum berichteten, dass sie Schuldgefühle und Hoffnungslosigkeit entwickelt hätten, weil sie die von sich gewünschten Leistungen nicht erbringen konnten. Hierbei handelt es sich um MitarbeiterInnen, die sich ausschließlich über die Arbeit definieren. Sie hätten ihr Verhalten verändert, seien psychisch und physisch am Ende gewesen, bei Konflikten in Tränen ausgebrochen und wären teilweise zwei Jahre handlungsunfähig und weinend zu Hause im Bett gelegen.

Die Erfahrungen der ExpertInnen zeigten, dass der Burnout-Prozess nicht immer von außen erkannt werden kann und einige MitarbeiterInnen von heute auf morgen weg waren und über ein Jahr oder länger ausgefallen sind.

Der Genesungsprozess der Betroffenen wird als langwierig beschrieben und erforderte teilweise zusätzliche Rehabilitationsmaßnahmen. Die Ursachen für die Entstehung eines Burnouts sehen die Befragten durch verschiedenen Faktoren bedingt: hohe Verantwortung, Arbeitsbelastung, Bürokratie und Personalmangel sowie die Überforderung des Pflegepersonals werden als Ursachen angesehen. Gefährdet sind laut den Befragten MitarbeiterInnen mit hohem Arbeitseinsatz, die sich völlig aufopfern und zugleich den Hang dazu haben, alles negativ zu sehen. Weitere mögliche Ursachen sind die Arbeitsverdichtung und permanente Konflikte sowie andauernder Stress oder Mobbing.

Einen weiteren wichtigen Faktor für die Entstehung von Burnout sehen die Befragten im zwischenmenschlichen Umgang. Es wird als belastend empfunden, wenn es keine Wertschätzung und nur negatives Feedback für die eigene Leistung gibt. Weitere auslösende Faktoren werden in der mangelnden Kommunikation und der Wahrnehmung von Misserfolgen gesehen. Burnout wird als ein multifaktorielles Geschehen betrachtet. Weiterhin wurde beschrieben, dass Burnout eine Einstellungssache und somit nicht jeder gefährdet sei.

3. Zusammenhang zwischen Konflikten, Stress und Burnout

Dass überhaupt ein Zusammenhang zwischen Konflikten, Stress und Burnout besteht, bestätigen alle befragten Expertinnen und Experten.

Sie nehmen wahr, dass Stress zu Konflikten führt und Konflikte zu Stress führen.

Der Faktor Stress im Zusammenhang mit Konflikten wird an unterschiedlichen Ursachen festgemacht. In stressigen klinischen Situationen kann es wegen Arbeitsüberlastung und/oder Meinungsverschiedenheiten zu Stress kommen. Die Konflikte führen vor allem dann zu Stress, wenn diese nicht offen angesprochen werden können, z. B. aufgrund von Zeitmangel. Konflikte zu lösen kann viel Zeit kosten, die dann für andere Aufgaben fehlt. Somit bleiben die Konflikte bestehen und schwelen weiter, da keine Zeit vorhanden ist, sie aufzuarbeiten oder zu lösen. Die fehlende Möglichkeit der offenen Aussprache von Konflikten haben mehrere Befragte beklagt.

Teilweise werden die Konflikte an die nächsthöhere Instanz (Leitung) herangetragen, ohne dass die Betroffenen miteinander sprechen können. Erfolgen daraufhin Gespräche mit den Leitungen, fühlen sich die MitarbeiterInnen gestresst, weil sie Angst haben, etwas falsch gemacht zu haben. Dieser Stress aufgrund unausgesprochener Konflikte wird auch als eine zentrale Ursache für Burnout betrachtet.

Tägliche Konflikte führen zu Stress und können den Burnout-Prozess beschleunigen. Durch geeignetes Konfliktmanagement könnten die Auslöser für Burnout reduziert werden. Konflikte erhöhen die Arbeitsbelastungen, schwächen die Arbeitskraft sowie die Arbeitsbeziehungen und werden daher als belastend wahrgenommen.

Zusätzlich wird festgestellt, dass Konflikte den Stress verstärken und zu Konzentrationsstörungen führen. Konzentrationsstörungen mindern wiederum die Arbeitskraft, was als Negativspirale empfunden wird.

Gerade Beziehungskonflikte, wenn z. B. eine Antipathie zu KollegInnen besteht, werden als Stress empfunden. Innerhalb der Beziehungskonflikte kommt es wegen fehlender Resilienz zu Aggressionen. Bezüglich der Zusammenarbeit zwischen ärztlichem Personal und Pflegekräften werden Konflikte aufgrund von Zeit- und Personalmangel nicht aufgearbeitet. Die Ursache wird hierbei auch in den vorhandenen Hierarchieebenen gesehen.

Weiterhin wurde beschrieben, dass sich die Konflikte zwischen dem ärztlichen Personal und den Pflegekräften, aufgrund von verschiedenen Meinungen potenzieren, was zu vermehrten Stress führt, der sich auf die Teams überträgt. Die befragten Führungskräfte empfinden es als stressig, wenn sie in bereits bestehende Konflikte eingebunden werden. Zudem berichten die Führungskräfte, ihrer Rolle nicht immer gerecht werden zu können und dadurch in Konflikte zu geraten. Hierbei handelt es sich um sogenannte innere Konflikte und/oder Rollenkonflikte. Aus Sicht der Führungskräfte nehmen Pflegekräfte Konflikte häufig persönlich, da sie ein hohes Harmoniebedürfnis hätten.

4. Eigene Maßnahmen zur Reduzierung von Stress

Ein wichtiger Faktor zur Stressreduzierung, den die Befragten beschreiben, ist der kollegiale Austausch. Gespräche mit KollegInnen helfen, da (Vor-)Fälle nachbesprochen werden und Hilfestellungen gegeben werden können. Der kollegiale Austausch wird als Ventil genutzt, um Stress und Frust abzubauen, - die KollegInnen kennen die Situationen und werden als „LeidensgenossInnen" betrachtet.

Zusätzlich bieten die KollegInnen aufgrund ihrer eigenen Erfahrungen mit ähnlichen stressigen Situationen neue oder andere Blickwinkel. Für den kollegialen Austausch werden gerne gemeinsame Pausen genutzt, in denen auch mal gelacht werden kann, was die Befragten als befreiend und angenehm beschreiben. Überhaupt wird Humor als wichtiger Faktor zur Stressreduzierung betrachtet.

Eine gute Teamarbeit wird ebenfalls als entlastend empfunden. Weiterhin wird der Austausch mit Personen aus anderen Bereichen oder mit Vertrauensperson als hilfreich betrachtet. Bezüglich der Stresssituation selbst wurde als hilfreich erachtet, sich Hilfe von außen zu holen oder den Stress nicht so ernst zu nehmen und die Situation neu zu interpretieren, um Abstand zu gewinnen. Wichtig erscheint auch, die Situation primär zu überschauen und Ruhe zu bewahren. Den Führungskräften hilft ein Austausch in Fachgruppen.

Ebenso werden Strukturen oder das Delegieren von Aufgaben, z. B. an die Vertretungen, als entlastend beschrieben.

Zusätzlich hilfreich ist es in bestimmten Fällen, die Unterstützung eines Coaches zu nutzen. Als zusätzlichen wichtigen Faktor zur Stressreduzierung benennen die Befragten das Privatleben. Schon die Autofahrt nach Hause wird als Reflexion des Tages genutzt, um belastende Faktoren nicht mit in den Feierabend zu nehmen. In privaten Bereich wird der Stress abgebaut durch Aktivitäten wie z. B. Sport, Yoga, Tanzen etc. Aus Sicht der InterviewpartnerInnen ist die Bewegung hierbei ein zentrales Thema. Soziale Kontakte im Privatleben tragen gleichfalls zur Stressreduzierung bei.

Ebenso wird das Gegenteil, der soziale Rückzug, um Abstand von den Menschen zu bekommen und Zeit für sich selbst zu haben, als hilfreich benannt. Hierbei erscheint es wichtig, den Alltag zu strukturieren und die freien Zeiten für sich zu nutzen. Insgesamt nutzen die Interviewten etliche Möglichkeiten, um den Stress selbst zu reduzieren. Dennoch schildern sie, dass diese Maßnahmen nicht ausreichen und sie sich darüber hinaus Unterstützung wünschen.

5. Maßnahmen zur Reduzierung von Stress bzw. Burnout durch die Führungskräfte

Maßnahmen von ärztlicher Seite aus nehmen die Pflegekräfte nicht als ausreichend wahr. Nur einige ÄrztInnen hätten für die Pflegekräfte ein offenes Ohr und verhielten sich fürsorglich. Es gäbe Chefärzte, die durch Personalunterstützung versuchten, den Stress im Bereich der Pflegekräfte zu reduzieren, allerdings fehlten diese Personen dann an anderer Stelle.

Die Pflegekräfte wünschen sich, dass die ÄrztInnen mehr Verständnis für sie haben sowie allgemein präsenter sind, um Hilfestellungen anzubieten. Hierbei könnten, aus Sicht der Pflegekräfte, regelmäßige Treffen zum kollegialen Austausch hilfreich sein, um das Stresspotenzial zu reduzieren.

Die ÄrztInnen erkennen selbst ein Defizit in ihrer Personalführung und wünschen sich Schulungen, um mehr Kompetenzen in diesen Bereich zu erlangen. Sie wissen um die Wichtigkeit der Früherkennung von Konflikten und der Konfliktmoderation als Maßnahme, um eine Burnout-Prophylaxe zu erreichen. Die Pflegekräfte wünschen sich eine frühzeitige Ansprache von Konflikten, damit sich diese nicht manifestieren, eine Verbesserung im Umgang mit Konflikten sowie weitere Hilfestellungen.

Einen zentralen Faktor stellt der Personalmangel dar. Hierbei wäre es aus Sicht der Pflegekräfte hilfreich, auf mehr Personal zurückgreifen zu können (personelle Verstärkung), um die Arbeitsbelastungen und den Stress reduzieren und effektiver arbeiten zu können. Die Pflegedienstleitungen bemühen sich, Personal zu beschaffen sowie bei Problemen zu helfen. Zusätzlich bieten die Pflegedienstleitungen Schulungen für die Mitarbeitenden wie z. B. Rückenschule, Entspannungstechniken und Yoga an. Des Weiteren wird MitarbeiterInnen die Möglichkeit geboten, Fitnessstudios zu besuchen, wofür die Klinik einen Teil der Kosten übernimmt. Die Pflegekräfte wünschen sich von den Pflegedienstleitungen mehr Präsenz, vor allem auf den Stationen, damit sie die jeweiligen Umstände besser verstehen können.

Weiterhin besteht der Wunsch nach mehr Anerkennung und Wertschätzung durch die Pflegedienstleitungen sowie einem psychologischen Ansprechpartner, der bei Überlastungen helfen kann, z. B. in Form von Coachings und Supervisionen.

6. Wahrnehmung von Konflikten und Ursachen

Im klinischen Bereich sind Konfliktsituationen allgegenwärtig. Von den Befragten wird eine Zunahme derselben festgestellt, täglich treten neue Konflikte auf. Die Konfliktarten, die am meisten wahrgenommen werden, sind Führungs-, Verteilungs- und Beziehungskonflikte.

Die MitarbeiterInnen empfinden den Druck, der von ihren Führungskräften ausgeht, als konfliktträchtig. Zusätzlich werden Rollen- und Wertekonflikte festgestellt. Die Wertekonflikte basieren auf der Empfindung, dass die wirtschaftlichen Belange der Kliniken wichtiger sind als die adäquate Versorgung der PatientInnen. Die Aussagen zu Rangkonflikten sind unterschiedlich: Einerseits wird eine Verringerung, andererseits weiterhin deren starkes Vorhandensein wahrgenommen. Rangkonflikte werden vor allem aufgrund der Hierarchien zwischen ÄrztInnen und Pflegekräften wahrgenommen, worin ein hohes Konfliktpotenzial gesehen wird. Der Konflikt zwischen ÄrztInnen und Pflegekräften wird aufgrund der unterschiedlichen Erwartungen auch als traditioneller Konflikt betrachtet. Beide Seiten sehen sich als eigenständige Berufsgruppe und stellen diese Abgrenzung nach außen dar. Die Konflikte mit ÄrztInnen werden personen- und situationsabhängig betrachtet.

Häufig entstehen die Konflikte aufgrund von mangelnder Anerkennung, z. B. grüßen einige ÄrztInnen das Pflegepersonal nicht oder es besteht aufgrund der Hierarchieebenen die Angst, sich mitzuteilen.

Zudem entstehen durch unterschiedliche Bewertungen der Situationen Konflikte zwischen ärztlichem Personal und Pflegekräften. Sprachbarrieren und unterschiedliche Kulturen stellen darüber hinaus eine zusätzliche Belastung dar. Einige ÄrztInnen geben den Druck an das Pflegepersonal weiter und belasten dadurch das Vertrauensverhältnis zueinander.

Die Assistenzärzte sind häufig noch in ihrer Lernphase und erst seit Kurzem im medizinischen Bereich tätig, wodurch Konflikte mit dem erfahrenen Pflegepersonal entstehen können.

Ein hohes Konfliktpotenzial wird ebenfalls zwischen den Pflegedienstleitungen und dem Pflegepersonal wahrgenommen. Die Ursachen hierfür werden u. a. darin gesehen, dass die Pflegedienstleitungen heutzutage mehr die wirtschaftlichen Belange betrachten, da sie mittlerweile mehr dem Management zugehörig sind und andere Interessen vertreten müssen.

Die Pflegekräfte beklagen, dass die Pflegedienstleitungen die Arbeitsleistungen der Pflegekräfte nicht mehr ausreichend wahrnehmen und der Abstand zum Pflegepersonal zu groß geworden ist. Zusätzlich entstehen aufgrund unterschiedlicher Meinungen und Zielsetzungen Konflikte mit den Pflegedienstleitungen.

Die Rahmenbedingungen der Pflegedienstleitungen haben sich geändert, sie fühlen sich häufig als die Schuldigen, weil sie u. a. für den Personalmangel verantwortlich gemacht werden - was wiederum zu Konflikten mit dem Pflegepersonal führt. Aufgrund des Personalmangels müssen die Pflegedienstleitungen Personal von den Stationen abziehen, um Engpässe auf anderen Stationen zu kompensieren. Auch hierdurch kommt es häufig zu Konflikten zwischen den Pflegedienstleitungen und dem Pflegepersonal.

Weitere Ursachen für Konflikte in den Kliniken sind mangelnde oder fehlende Kommunikation, Schuldzuweisungen, Spannungen oder Spaltungen im Team sowie Störungen in den Abläufen. Die Verhaltensweisen, die bei Konflikten wahrgenommen werden, sind Veränderung des Verhaltens und der Stimmungen. Es wird beobachtet, dass die Betroffenen laut werden oder schreien. Zudem werden verbale Auseinandersetzungen mit persönlichen Angriffen oder Abwehrhaltungen festgestellt ungerechtes oder ignorantes Verhalten mit Ausgrenzungen sowie Diskussionen und psychische Erschöpfungen. Ursachen der Konflikte werden u. a. an fehlenden Lösungswegen der Parteien begründet. Insgesamt werden viele Konflikte wahrgenommen, wobei die Ursachen vielfältig begründet werden. Als eine der Hauptursachen wird die mangelnde Kommunikation genannt.

7. Eigener Umgang und eigene Maßnahmen zur Reduzierung von Konflikten

Als wichtigste Möglichkeit zur Verbesserung der Zusammenarbeit empfinden die Befragten die offene Kommunikation miteinander. Die Konfliktgespräche sollten frühzeitig, authentisch und mit Regeln stattfinden. Dabei sollte die Kommunikation ruhig, sachlich, wertschätzend und transparent sein, um gemeinsam Lösungen zu finden. Auch sollten die Gespräche über Konflikte auf Augenhöhe mit Ich-Botschaften erfolgen. Zusätzlich hilft es den Befragten, sich in Konfliktsituationen Zeit zu nehmen, um die Situationen zu reflektieren und selbstkritisch zu hinterfragen, welchen Anteil sie am Konflikt haben.

Weiterhin hilft es ihnen, primär abzuwarten oder die Aussprache auf einen späteren Zeitpunkt zu verlegen, damit die Emotionalität reduziert wird. Die sachliche Ebene in der Kommunikation wird als notwendig und hilfreich geschildert. Eine gute Selbstkenntnis und Schulungen in Kommunikation werden als sinnvoll erachtet. Einen wichtigen Faktor im Umgang mit Konflikten sehen die Befragten im kollegialen Austausch. Dieser ist hilfreich, um andere Blickwinkel einzunehmen und besser zu verstehen. Zudem wird die Visualisierung der Situationen und das gemeinsame Einüben in Teamtrainings als hilfreich betrachtet. Insgesamt berichten die InterviewteilnehmerInnen davon, dass sie sich bemühen, selbst etwas zur Reduzierung von Konflikten beizutragen.

8. Außenwahrnehmung von Führungskräften zum Umgang mit Konflikten und deren Reduzierung

Die Pflegekräfte sehen bei Konflikten keine Unterstützung durch das ärztliche Fachpersonal, weil sie der Meinung sind, die ÄrztInnen betrachten das nicht als ihre Aufgabe. Zudem ist das Pflegepersonal der Meinung, dem ärztlichen Fachpersonal würden für ein Konfliktmanagement die Kompetenzen fehlen. Sie sind der Ansicht, die ÄrztInnen würden sich eher im Recht sehen und wären daher nicht zum Handeln motiviert. Zusätzlich finden die Pflegekräfte, dass die Kommunikation mit den ÄrztInnen gering ist und diese keine Neutralität innerhalb von Hierarchiekonflikten wahren können. Die Pflegekräfte wünschen sich, dass das ärztliche Fachpersonal an den Teamsitzungen mit dem Pflegepersonal zusammen teilnehmen und zudem ihrer Fürsorgepflicht nachkommen.

Die Pflegedienstleitungen würden bei Konflikten ungern angesprochen, eher versucht das Pflegepersonal, die Konflikte primär auf anderen Wegen zu lösen. Zudem wird wahrgenommen, dass die Pflegedienstleitungen zu lange warten, bis Konflikte angesprochen werden. Die Pflegekräfte wünschen sich von den Pflegedienstleitungen mehr Unterstützung und dass sie in Konfliktfällen moderieren oder eine Mediation zur Vermittlung anbieten. Andere Befragte berichten, dass die Pflegedienstleitungen bei Konflikten ausreichend unterstützen und in schwierigen Fällen einen Coach sowie Kommunikationstrainings für die MitarbeiterInnen anbieten. Es besteht der Wunsch des Pflegepersonals nach einer besseren Ansprechbarkeit der ÄrztInnen und Pflegedienstleitungen bei Konflikten.

Zudem werden gemeinsame Kommunikationstrainings mit dem ärztlichen Fachpersonal und den Pflegedienstleitungen sowie gemeinsame Supervisionen als sinnvoll betrachtet. Insgesamt sieht das Pflegepersonal noch Verbesserungsbedarf bei den Führungskräften, was den Umgang mit Konflikten angeht.

9. Umgang und Reduzierung von Konflikten durch Führungskräfte aus eigener Sicht

Die Analyse von Konflikten erfolgt durch die ÄrztInnen und Pflegedienstleitungen, indem sie den MitarbeiterInnen Gesprächsangebote unterbreiten, um die Ursachen zu analysieren. Hierbei werden nicht nur die sachlichen Faktoren, sondern auch die emotionalen Hintergründe des Konfliktes mit einbezogen. Es wird versucht, einen Perspektivenwechsel zu erreichen, damit die Parteien mehr Verständnis füreinander entwickeln. Ein Ziel hierbei kann es sein, dass sich eine Partei bei der anderen für ihr Verhalten entschuldigt.

Weiter wird analysiert, ob der Konflikt aufgelöst werden kann oder die Bearbeitung des Konfliktes aufgrund hoher Emotionalität besser vertagt wird. Teilweise werden primär Einzelgespräche geführt, um sich ein Bild über die Situation zu verschaffen, erst danach werden gemeinsame Gespräche geführt. In den Aussprachen werden die Probleme analysiert, indem die ÄrztInnen und Pflegedienstleitungen als neutrale Personen agieren. Es wird erarbeitet, wie diese Konflikte in Zukunft vermieden werden und welche neuen Verhaltensregeln dazu beitragen können.

Zur Konfliktanalyse werden zudem Teambesprechungen und Beobachtungen genutzt, um Störungen innerhalb der Abläufe zu erkennen. Konflikte werden von den ÄrztInnen und Pflegedienstleitungen dann direkt angesprochen, wenn ein Fehlverhalten zu erkennen ist oder es zu persönlichen Angriffen zwischen den MitarbeiterInnen kommt und die Betroffenen darunter leiden. Weiterhin werden Konflikte direkt angesprochen, wenn eine Leistungsminderung bei MitarbeiterInnen oder einem Team festgestellt werden.

Die Befragten empfinden die frühzeitige Ansprache, gerade wenn keine Lösungsorientierung vorhanden ist, als wichtig. Das ärztliche Fachpersonal und die Pflegedienstleitungen sprechen die Konflikte nicht an, wenn niemand bedroht ist oder die betroffenen Parteien nicht namentlich benannt worden sind.

Bei Konflikten, bei denen es um Kleinigkeiten oder um persönliche Belange geht sowie bei vorhandener Lösungsfähigkeit der Konfliktparteien, erfolgt kein Eingriff von außen. Die ÄrztInnen und Pflegedienstleitungen beenden Konflikte durch die Macht ihrer Position bei direkten persönlichen Angriffen der Konfliktparteien untereinander und wenn sich keine Lösungen erarbeiten lassen. Zudem werden die Konflikte beendet, wenn es sich um Struktur- oder Verteilungskonflikte handelt oder die Parteien in einer Abwehrhaltung sind, für die es keinen nachvollziehbaren Grund gibt. Eine solche Beendigung durch die Macht der Position kann z. B. durch eine Umbesetzung der betroffenen MitarbeiterInnen erfolgen.

Die ÄrztInnen und Pflegedienstleitungen versuchen Konflikte auf Augenhöhe und mit Wertschätzung zu lösen. Die Befragten nutzen zur Konfliktbearbeitung ihre eigenen Erfahrungen und ziehen bei Bedarf dritte Personen, wie z. B. KollegInnen oder einen Coach, als neutrale Instanz hinzu. Zudem bieten die Pflegedienstleitungen Schulungen, etwa für Resilienz und Konfliktmanagement, für alle MitarbeiterInnen an - die Teilnahme bei solchen Angeboten wird hierbei von ärztlicher Seite als nicht ausreichend betrachtet. Aus eigener Sicht bemühen sich die Führungskräfte durchaus um einen konstruktiven Umgang mit Konflikten, sehen aber weiterhin Verbesserungspotenzial in diesem Bereich.

10. Anwendung von Konfliktmanagementmethoden durch Führungskräfte

Es zeigte sich, dass alle befragten ÄrztInnen und Pflegedienstleitungen keine Konfliktmanagementmethoden konkret benennen können. Nur zwei der Befragten nannten Moderation als eine Methode, konnten diese aber nicht weiter ausführen. Alle Befragten versuchen die Konflikte aufgrund ihrer eigenen Erfahrungen zu lösen. Sie gehen dabei eher intuitiv vor und versuchen in gemeinsamen Gesprächen mit den Konfliktparteien die Situationen zu reflektieren.

Hierbei moderieren sie die Gespräche, um gemeinsame Lösungen zur erarbeiten. Die Befragten wissen nicht, ob das immer der richtige Weg ist.

Die Führungskräfte schildern aus eigener Sicht, dass sie intuitiv zwar einigermaßen richtig reagieren, wünschen sich aber noch mehr Professionalität in diesem Thema und wären offen für Schulungen, um sich zu verbessern.

8. Ansätze zur Reduzierung von Stress und Burnout

Zum Thema Stress und Burnout existiert eine Vielzahl von Literatur. Trotzdem gibt es keine Studien, die eine effektive längere Wirkung von Stressprogrammen zur Prophylaxe von Burnout belegen können.[100] Grundsätzlich kann eine eine Burnout-Prophylaxe u. a. durch Reduzierungen von Stressoren am Arbeitsplatz erfolgen, wie beispielsweise mehr Freiheit bei den Aufgabenstellungen.[101] Dies deckt sich mit dem Anforderungs-Kontroll-Modell von Karaseks & Theorells. „Bei dem Großteil der Pflegekräfte tragen größere Entscheidungsspielräume und Weiterbildung dazu bei, negativen Stress zu verringern".[102] Zusätzlich zählen zu den Reduzierungen von Stressoren am Arbeitsplatz z. B. soziale Unterstützung, das Erlernen von Strategien zur Stressbewältigung, ausreichend Personal, sozialverträgliche Arbeitszeiten sowie Schulungen der Führungskräfte.[101]

Die Führungskräfte und deren qualitativ hochwertiges Arbeiten haben einen starken Einfluss auf das psychische Befinden der MitarbeiterInnen. Gerade der Zusammenhang zwischen der empfundenen eigenen Leistung und der dafür erhaltende Belohnung z. B. durch die Führungskräfte stellt einen wichtigen Faktor dar. Dieser Zusammenhang zeigt auch das „Modell beruflicher Gratifikationskrisen" auf.[103] Wertschätzung durch die Führungskräfte ist ebenso ein wichtiger Faktor, der zur Reduzierung von Stress beiträgt.

Hierzu benötigen die Führungskräfte jedoch Fähigkeiten im Bereich der Mitarbeiterführung sowie Kenntnisse im Bereich des Konfliktmanagements.[104]

„Gezielte Trainingseinheiten zu Kommunikationsfertigkeiten (Zuhören, Feedback geben), zum Konfliktmanagement, zu Problemlösung und Stressmanagement können den kollegialen Austausch ergänzen".[105] Stressoren entstehen häufig auch aufgrund der vorhandenen Strukturen in Organisationen. Diese können durch eine größere Transparenz und durch eine bessere Einbindung der MitarbeiterInnen reduziert werden.[104] Eine weitere Möglichkeit zur Reduzierung von Stress besteht durch ein Stressmanagement. „Besonders Pflegekräfte mit hohem Stresslevel und überwiegend negativem Stress würden Angebote zur Stressverarbeitung nutzen".[106]

Kaluza beschreibt ein erfolgreiches Stressmanagement als „einen gesunden Umgang mit von außen gesetzten und mit selbst gestellten Anforderungen. Es geht um den die Gesundheit und das Wohlbefinden fördernden Einsatz der eigenen Energie bei der Auseinandersetzung mit den Anforderungen des Alltags".[107] Hierzu zählt Kaluza drei Kompetenzen auf:

1.   Instrumentelle Stresskompetenz: Sie soll dazu befähigen Stressoren zu reduzieren, z. B. durch Weiterbildung, das Setzten von Grenzen sowie Selbst- und Zeitmanagement.

2.   Kognitiv-mentale Stresskompetenz: lernen, die eigenen Bewertungen der Realität anzupassen und Aufgaben nicht nur als Belastung wahrzunehmen.

3. Palliativ-regenerative Stresskompetenz: neue Ressourcen z. B. durch Erholung und Entspannung aufbauen und somit positive Emotionen verstärken.[108]

Weitere Maßnahmen, um Stressoren zu reduzieren sind z. B. Veränderung der Arbeitsorganisation und der Aufbau personenbezogener Ressourcen wie „Kohärenzsinn" und „Kontrollgefühl". Dieser Zusammenhang mit dem Kohärenzgefühl zeigt sich auch im Modell der Salutogenese nach Antonovsky.

Hilfreich sind zudem folgende Maßnahmen: „Veränderung des Betriebsklimas, Abbau von Konflikten und Krankenstand, Anpassung der Leistungsanforderungen".[109] Ein konstruktiver Austausch unter den KollegInnen ist wichtig, weil dies zu einer besseren Leistung führt und die psychische Gesundheit stabilisiert.[92] Grundsätzlich zählen zu den Methoden der Stressreduzierung auch Angebote von Entspannungstechniken wie z. B. autogenes Training, Yoga oder Sport.[101]

9. Generationskonflikte in Kliniken

In meinen Coachings, Supervisionen und Seminaren zeigt sich in den letzten Jahren immer deutlicher, dass die Generationskonflikte einen großen Raum einnehmen. Die unterschiedlichen Generationen und deren Werte führen in den Kliniken immer wieder zu Konflikten. Dieses erschwert die Zusammenarbeit und stört zudem die Arbeitsabläufe. Um die Generationskonflikte besser verstehen zu können, bedarf es eines Überblickes über die unterschiedlichen Generationen und deren Werte.

Jeder Mensch entwickelt sich anders und prägt hierbei auch seine eigenen Werte und Vorstellungen. Eine Einteilung in unterschiedliche Generationen ist hierbei ein Ansatz, um die wichtigsten Merkmale der jeweiligen Gruppe darzustellen.

Hierbei grenzen sich neue Generationen von anderen Altersgruppen ab. Das kann bewusst oder unbewusst erfolgen. Diese Abgrenzungen können dann zu einem Generationskonflikt führen.

Die verschiedenen Generationen werden in Geburtenjahrgängen eingegliedert. Diese Einteilung kann nicht exakt erfolgen, somit besteht ein großes Spektrum innerhalb der Klassifikation der Jahrgänge. In der Literatur sind unterschiedliche Bereiche der Geburtenjahrgänge benannt. Dies wird als Intragenerationsvarianz bezeichnet.

Es lassen sich jedoch deutliche Abweichungen zwischen den Mittelwerten der Generationen aufzeigen. Dies wird als Intergenerationsdifferenz bezeichnet.[110]

Grundsätzlich lassen sich fünf Generationen nach den jeweiligen Geburtenjahrgängen einteilen:

- Die Traditionalisten (Nachkriegs-Generation)
- Baby Boomer
- Generation X
- Generation Y
- Generation Z

Die Traditionalisten (Nachkriegs-Generation)

Ca. 1922 und1945.

Diese Generation hat zum Teil das Ende des ersten Weltkriegs sowie den zweiten Weltkrieg oder die direkte Nachkriegszeit in ihrer Kindheit und Jugend miterlebt.[110]

Aufgrund des Alters dieser Generation, wird hier nicht weiter auf Details eingegangen, weil diese in der Regel nicht mehr als MitarbeiterInnen in den Kliniken vertreten sind.

Darstellung der folgenden Generationen und Merkmale in Anlehnung an Prof. Dr. Antje-Britta Mörstedt – PFH Private Hochschule Göttingen.[111]

Baby Boomer

Ca. 1946 - 1964

Entwicklungen:

Es ist die Nachkriegsgeneration. Zeit der Wirtschaftswunder. In dieser Zeit war ein hoher Geburtenboom.

Besonderheiten:

Bei dieser Generation bestand ein starker Wunsch nach Veränderung.

Werte:
- Gesundheit
- Idealismus
- Kreativität

Merkmale:
- Teamorientiert
- Karriereorientiert - schnell in Führungspositionen aufsteigen
- Arbeit hat den höchsten Stellenwert

Im Arbeitsleben:
- Strukturierter Arbeitsstil
- Regelmäßiger Austausch im Team
- Pflege von Beziehungen und Netzwerken

Bild der Führungskraft:

- Eine gute Führungskraft ist immer für das Team da

Kommunikationsmedium:

- Telefon

Einstellung zur Arbeitszeit:

- Eine lange Arbeitszeit ist nötig, um Erfolg zu haben

Generation X

Ca. 1965 - 1979

Entwicklungen:

In dieser Zeit kam es zur Wirtschaftskrise. Zudem bestand eine hohe Scheidungsrate.

Besonderheiten:

Der Wunsch nach Individualität zeigte sich deutlich. Diese Generation ist sehr misstrauisch.

Werte:

- Unabhängigkeit
- Individualismus
- Sinnsuche

Merkmale:

- Pragmatisch
- Selbstständig
- Streben nach einer hohen Lebensqualität
- Zeit ist wertvoller als Geld

Im Arbeitsleben:

- Ergebnisorientiert
- Technisch versiert
- Teilen Macht und Verantwortung

Bild der Führungskraft:

- Überzeugt durch Kompetenz und ist vertrauenswürdig

Kommunikationsmedium:

- E-Mail
- Mobiltelefon

Generation-Y

Ca. 1980 – 1995

Entwicklungen:

In dieser Zeit entstand der Internetboom. Die Globalisierung zeigt sich deutlich. Zudem besitzt die Generation-Y ein hohes Bildungsniveau.

Besonderheiten:

Die Generation-Y hat den Wunsch nach Feedback.

Werte:

- Vernetzung / Teamwork
- Optimismus

Merkmale:

- Leben im Hier und Jetzt
- Mit neuen Technologien aufgewachsen
- „24 Stunden online"

Im Arbeitsleben:

- Die Arbeit muss Spaß machen, lernbereit
- Forderung nach Privatleben sehr ausgeprägt
- Flexibel und anpassungsbereit, selbstständige und unabhängige Arbeitsweise
- Führungspositionen sind ihnen nicht mehr so wichtig, eher Fachlaufbahnen und projektbezogenes Arbeiten
- Meister im Multi-Tasking

Bild der Führungskraft:

- Unterstützt als Mentor und Ratgeber

Kommunikationsmedium:

- Web 2.0

Generation-Z

Ca. ab 1994

Entwicklungen:

Hier besteht die Digitalisierung des Alltags.

Besonderheiten:

Die Z-Generation ist geprägt durch die ständige Nutzung von Smartphones und eine durchgehende Präsenz in sozialen Netzwerken.

Prägung der Z- Generation:

- International studieren und arbeiten
- Höchste Ansprüche an Jobs, erwarten hohe materielle Standards
- Einzelkämpfer Ohnmachtsgefühl nichts tun zu können
- Multichannel-Einkauf rund um die Uhr Mit der ganzen Welt vernetzt sein, immer online
- Generation Z sucht keine langfristige Bindung weder zu Unternehmen noch zu anderen Gruppierungen, abgesehen möglicherweise von der Familie
- Für sie ist das Leben eine Ansammlung aus unterschiedlichen Lebensabschnittspartnerschaften aus unterschiedlichen Bereichen

Arbeitsplatzsuche:

- Nutzung des Internets (Arbeitgeberbewertungsportale)
- Keine Bindung an Unternehmen
- Privatleben dominiert ganz klar
- Starker Wunsch nach Entwicklungs- und Selbstverwirklichungsmöglichkeiten
- Kollegiale Arbeitsatmosphäre

„Digital Natives":

- Als erste Generation komplett in der digitalen Welt aufgewachsen
- Durchgehende Präsenz in sozialen Netzwerken

Technologieaffinität:

- In jeden Lebensbereich integriert
- Technologie ist integraler Bestandteil für Problemlösungen
- Folglich hoher Anspruch an moderne Ausstattung und Internetzugang am Arbeitsplatz

Einzelkämpfer:

- Ausgeprägtes Selbstbewusstsein
- Aufgabe allein anstatt in Teamarbeit erledigen
- Sinnhaftigkeit und Spaß an der Arbeit

Regelmäßiges Feedback gewünscht:

- Durch ihre Aktivität in sozialen Netzwerken gewohnt

Die unterschiedlichen Generationen zeigen deutlich verschiedene Werte und Einstellungen. Die Differenzen in den Lebens- und Arbeitseinstellungen vor allem zwischen den Baby Boomern, Generation X und der Generation Y und Z treffen immer mehr im Arbeitsalltag aufeinander. Diese Konflikte zeigen sich bei meiner Arbeit in den Kliniken zunehmend.

Lösungsansätze für die Generationskonflikte

Alle genannten Generationen haben ihre Stärken und Schwächen. Große Unterschiede stellen sich in der Kommunikation und im Verhalten im Team dar. Die Generationen Y und Z kommunizieren fast ausschließlich über die heutige Technologie, wie Smartphones und Internet. Die Baby Boomer sind weiterhin die face-to-face Kommunikation gewöhnt und haben es teilweise schwer, sich mit den neuen Technologien auseinanderzusetzen. Auf vielen Stationen in den Kliniken kommt es immer wieder zu Konflikten, weil die jüngeren MitarbeiterInnen regelmäßig im Dienst ihr Handy nutzen oder darüber gemeinsam chatten. Dies führt bei den älteren MitarbeiterInnen zu Unverständnis und Frustrationen.

Ein aus meiner Sicht wichtiger Lösungsansatz, ist die Verbesserung der gemeinsamen Kommunikation. Gerade weil die Ziele, Bedürfnisse und Arbeitseinstellungen der verschiedenen Generationen unterschiedliche Ausprägungen haben.

Die Kommunikation untereinander kann z. B. durch Kommunikationsseminare optimiert werden. Hierbei ist es wichtig, dass auf eine ausgewogene Anzahl der Teilnehmer aus den verschiedenen Generationen geachtet wird.

Ich konnte immer wieder feststellen, dass der Austausch in Seminaren zu einem gemeinsamen besseren Verständnis zueinander geführt hat. Im Arbeitsalltag besteht selten Zeit für einen kollegialen Austausch, daher sind Seminare eine sehr gute Basis die gemeinsame Kommunikation zu fördern.

Hierzu zählen auch Teamentwicklungsseminare, um den Teamgedanken zu stärken und eine gemeinsame Arbeitsmoral zu entwickeln. Vor allem Teambuilding Maßnahmen außerhalb der Klinik zeigen eine hohe Effizienz. In einem solchen Rahmen wird auch der Austausch über private Perspektiven und Einstellungen gefördert. Häufig wachsen die verschiedenen Generationen hier zunehmend zusammen und entwickeln neue gemeinsame Perspektiven, um mit den Arbeitsbelastungen besser umzugehen. Solche gemeinsamen Erlebnisse wirken zudem nachhaltig an.

Eine wichtige Rolle bei der Lösung der Generationskonflikte haben die Führungskräfte. Dieses stellt eine große Herausforderung dar. Gerade die Führungskräfte in den Kliniken, egal in welcher Position, sind bereits extrem überlastet. Sie müssen zum einen das Personal motivieren und die Teams leiten, um die kollektiven Ziele des Unternehmens zu erreichen und zum anderen ständig für alles Ansprechpartner sein und konsequent Maßnahmen umsetzen, die häufig nicht ihrer eigenen Ethik und Moral entsprechen. Hierdurch sind die Führungskräfte häufig in einem Rollenkonflikt gefangen, der sie viel Energie kostet.

Zudem haben viele Führungskräfte in den Kliniken keine adäquate Ausbildung oder Weiterbildung im Führungsmanagement erhalten. Aus dieser Überlastung heraus noch Generationskonflikte zu reduzieren, bringt viele der Führungskräfte an ihre Grenzen.

Aus den genannten Gründen halte ich es für notwendig, dass die Führungskräfte grundsätzliche Schulungen in den Bereichen Führung, Konfliktmanagement, Kommunikation und Mitarbeitergespräche erhalten. Weiterhin benötigen die Führungskräfte mehr Zeit für die Personalführung, um den Ansprüchen und den Bedürfnissen der MitarbeiterInnen gerecht werden zu können. Erst durch solche Rahmenbedingungen können auch die Führungskräfte zur Reduzierung von Generationskonflikten beitragen.

10. Corona-Krise (COVID-19)

Das Jahr 2020 war fest in der Hand der Corona Krise. Hierdurch kam ein Wort auf, dass vorher im Kontext mit Kliniken so noch nicht verwendet wurde: „Systemrelevant". Die MitarbeiterInnen in den Klinken wurden auf einmal als systemrelevant bezeichnet. Es ist erstaunlich, dass es erst zu einer Pandemie kommen muss, damit erkannt wird, dass alle MitarbeiterInnen in den Klinken Systemrelevant sind.

In der ersten Welle der Corona Krise wurde immer deutlicher, welche zusätzlichen hohen Belastungen das Personal ertragen muss. Hierdurch wurde einem Teil der Öffentlichkeit bewusst, dass es ohne den enormen Einsatz der Kliniken unmöglich war, diese besondere Situation in den Griff zu bekommen. In dieser Zeit entstand eine gewisse Solidarität der Dankbarkeit für alle MitarbeiterInnen in den Klinken. Kurzzeitig wurde abends auf den Balkonen für das Personal geklatscht. Hier wurden bereits kulturelle Unterschiede deutlich. In den südlichen Ländern Europas wie zum Beispiel Spanien und Italien wurde es für eine Zeit zu einem gewissen Ritual, den Dank an das Klinikpersonal über den Applaus darzustellen. In Deutschland hielt dies nur kurz an und wurde von einigen eher als Ruhestörung wahrgenommen.

Im Sommer 2020 fielen die Corona Zahlen und hierdurch sprach so gut wie keiner mehr über die Leistungen in den Kliniken. Ab Oktober 2020 kam es zur nächsten großen Welle der Corona Pandemie.

Die Kliniken kamen zunehmend an ihre Grenzen und die To-
deszahlen aufgrund von Corona stiegen stetig an.

Hierbei zeigte sich nochmal sehr deutlich, dass die Kliniken
noch so gut ausgestattet sein können und zudem ausreichend Intensivbetten vorhalten können, wenn jedoch kein
ausreichendes und geschultes Personal vorhanden ist, kann
hierdurch keinem Patienten geholfen werden.

Eine Studie zu Covid-19 in der Pflege der Haw-hamburg[113] im
Zeitraum vom Oktober 2020 bis Januar 2021 mit 2300 Pflegekräfte zeigte auf, dass 84 Prozent die Arbeitsbelastungen
höher wahrnehmen. 71 Prozent geben an, dass die Versor-
gungsqualität der Pflegebedürftigen mehr als ungenügend ist.
Bei den Intensivpflegenden liegt diese Beurteilung bei 76 Prozent. Laut Studie ist die Angst der Pflegekräfte sich selbst an-
zustecken gestiegen und liegt bei 70 Prozent der Befragten.

Im Bereich der Intensivpflege zeigte sich, dass aufgrund der
erhöhten Arbeitsbelastungen und die Priorität von Covid-19,
die normalen pflegerische Versorgung der Patienten nicht
mehr möglich ist. Diese Umstände führten zu einer Reduzierung der Motivation den Pflegeberuf weiterhin auszuführen.
Großer Unmut zeigte die Studie, dass die Hilferufe der Pflegekräfte seit Jahren nicht zur Kenntnis genommen und in der
Corona-Krise weiterhin ignoriert wurden. Hierdurch sind 17
Prozent der Befragten gewählt, den Beruf ganz aufzugeben
und zu kündigen.

Das Jahr 2020 mit der Corona Pandemie zeigt drastisch die gesamte traurige Situation der Kliniken auf. Kurzzeitig fiel es der Bevölkerung und der Politik auf, wie systemrelevant alle MitarbeiterInnen in den Kliniken sind, doch auch das führte abermals zu keinen signifikanten Veränderungen der Rahmenbedingungen in den Kliniken.

Es wurden zwar teilweise Einmalzahlungen vom Staat an das Personal geleistet, was aber keine wirkliche Wertschätzung darstellen kann.

Die letzten Studien zeigen auf, dass sogar 31 Prozent der MitarbeiterInnen in den Kliniken bereit sind den Beruf aufgrund der genannten Belastungen aufzugeben.

Ich kann nur hoffen, dass die Corona Pandemie die Bevölkerung und vor allem die Politik zum akuten Umdenken veranlasst, um die vielen Missstände in den Kliniken zeitnah anzugehen und zu beseitigen. Fatal wäre es, wenn nach der Krise wieder alles vergessen wird und das Gesundheitssystem weiterhin sukzessive kollabiert.

11. Lösungsansätze

Einige Lösungsansätze wurden bereits im Kapitel 8 Ansätze zur Reduzierung von Stress und Burnout aufgezeigt. In diesem Kapitel folgen weitere Möglichkeiten, die dazu beitragen können, Entlastungen im operativen Klinikgeschehen zu bewirken.

Eines der Hauptprobleme stellt immer noch der Personalmangel dar. Aufgrund der Versäumnisse der Politik und der Klinikmanager in den letzten zehn Jahren kann dieses Problem nicht kurzfristig gelöst werden. Hierzu bedarf es mehr Ausbildungsplätze und adäquate Qualifizierungen von Personal. Teilweise wird zurzeit Personal aus dem Ausland geworben und in den Kliniken eingesetzt sowie qualifiziert. Hierdurch können geringe Engpässe kompensiert und die interkulturellen Kompetenzen der MitarbeiterInnen gefördert werden.

Häufig wird außer Acht gelassen, dass die Einarbeitung des ausländischen Fachpersonals sehr intensiv und zeitaufwendig ist. Das führt bei den Pflegekräften und dem ärztlichen Personal zu einer zusätzlichen Belastung. Zum einen stellen die sprachlichen Barrieren eine große Herausforderung dar und zum anderen sind die Vorgehensweisen in der Behandlung und Pflege teilweise sehr unterschiedlich. Viele Pflegekräfte und ÄrztInnen belastet diese zusätzliche Einarbeitung enorm.

Die Frage wie es gelingen kann mehr Personal für die Kliniken zu finden steht jetzt im Vordergrund.

Um neues Personal für die Kliniken zu finden, bedarf es neuer Perspektiven. Wie bereits im Kapitel 9 beschrieben haben die jungen Generationen ganz andere Wertmaßstäbe. Hier gilt es diese Werte zu beachten und die Rahmenbedingungen daran anzupassen, damit die Berufsbilder in den Kliniken wieder attraktiv erscheinen. Die Bezahlung spielt grundsätzlich eine wichtige Rolle. Es steht außer Frage, dass die Gehälter in der Zukunft angepasst werden müssen. Jedoch zeigen viele wissenschaftliche Modelle und Theorien der Mitarbeitermotivation deutlich auf, dass das Gehalt allein nicht ausschlaggebend ist.

Die Zweifaktorentheorie von Herzberg macht dies deutlich. Diese Theorie zur Arbeitsmotivation ist eine der bekanntesten Motivationstheorien. Herzberg unterscheidet zwei Arten von Einflussgrößen: die auf den Inhalt der Arbeit bezogenen Motivatoren (z. B.: Leistung, Erfolg, Anerkennung) und die auf den Kontext der Arbeit bezogenen Hygienefaktoren (z. B.: Lohn und Gehalt, Personalpolitik, Arbeitsbedingungen).

Wenn die Hygienefaktoren nicht vorhanden sind, ist die Folge eine Arbeitsunzufriedenheit. Sind diese Faktoren gegeben führt es nur dazu, dass es keine Arbeitsunzufriedenheit gibt. Jedoch führt es nicht zu einer Zufriedenheit. Bei den Motivatoren verhält es sich anders. Sind die Motivatoren in Unternehmen vorhanden, steigern sie die Arbeitszufriedenheit und ihre Abwesenheit führt zu einem neutralen Zustand.[112]

Hieraus leiten sich Maßnahmen für zielführende Rahmenbedingungen ab, die somit dazu beitragen können, neues
Personal zu werben sowie das vorhandene Personal zu motivieren. Bei der Umsetzung der Motivation sollte folgendes
beachtet werden:

Für den Bereich der Leistung ist es wichtig, dass die Ziele
und Aufgabe klar formuliert sind. Um dies sicherzustellen bedarf es eines regelmäßigen Feedbacks. Einer der wichtigsten
Nährböden für Motivation ist die Anerkennung der eigenen
Leistung und vor allem Wertschätzung.

Die Arbeitsinhalte sollten so strukturiert sein, dass die MitarbeiterInnen weder unterfordert noch überfordert sind. Vielmehr sollten die Stärken des jeweiligen genutzt und gefördert
werden. Hilfreich ist eine Erweiterung von Handlungsspielräu-
men, da die Aufstiegsperspektiven in den Kliniken leider einen geringen Rahmen haben.

Ein weiterer Absatz ist die Selbstbestimmungstheorie der Motivation. Veränderungsprozesse stellen immer wieder eine
Herausforderung dar. Gerade in Kliniken ist aufgrund des
Personalmangels und der Arbeitszeitverdichtung eine starke
Belastung der MitarbeiterInnen gegeben. Dies erschwert es
den Führungskräften Motivation aufzubauen, um Veränderungsprozesse durchzuführen.

Die Selbstbestimmungstheorie der Motivation von Deci &
Ryan[115] zeigt auf, welche Faktoren bei der Motivation eine
wichtige Rolle spielen.

- Kompetenz: Die Kompetenz der MitarbeiterInnen ist ein wichtiger Faktor. Diese wächst durch gewisse Herausforderungen sowie aus Erfahrung und Übung.

- Autonomie: Bezeichnet den Gestaltungsgrad der Tätigkeiten, die die MitarbeiterInnen selbst gestalten und steuern können.

- Soziale Eingebundenheit: Ist gegeben, wenn die MitarbeiterInnen nicht nur formell, sondern auch informell in einer Gruppe eingebunden sind. Dies ist geprägt durch positives Feedback, Unterstützung und die Einbindung in die Kommunikationsprozesse.

- Intrinsische Motivation: Entsteht, wenn die Prozesse und deren Gestaltung Befriedigung schaffen. Dabei besteht das Interesse an der Sache selbst. Es bedarf somit keiner äußeren Anreize. Besteht die Motivation aufgrund von äußeren Anreizen (z. B. Geld, Druck) spricht man von extrinsischer Motivation.

Um die MitarbeiterInnen für einen Veränderungsprozess zu motivieren bedarf es ausreichender Kompetenzen der MitarbeiterInnen. Hierfür sollten zum einen die Kompetenzdefizite analysiert und ermittelt und zum anderen gezielte Personalentwicklungsmaßnahmen angeboten und gestaltet werden.

Um eine ausreichende Autonomie zu erreichen, sollten die Tätigkeiten nicht bis ins Detail festgelegt sein, sondern ein großer selbstbestimmter Handlungsspielraum für die eigenen Tätigkeiten vorhanden sein und die Freiheit diese zu entwickeln.

Um eine soziale Eingebundenheit der MitarbeiterInnen sicherzustellen bedarf es einer guten Feedbackkultur durch die Führungskräfte. Dazu sind positive Rückmeldungen wichtig und eine Verminderung der Defizitorientierung.

Alle MitarbeiterInnen sollten in eine transparente Kommunikation eingebunden sein und regelmäßig Unterstützung bekommen. Es sollte die intrinsische Motivation gefördert werden, indem die MitarbeiterInnen ihr eigenes Interesse und ihre Bedürfnisse mit einbringen.

Die Faktoren, die zu beachten sind, um eine intrinsische Motivation zu fördern, sind gut über die Selbstbestimmungstheorie der Motivation von Deci & Ryan dargestellt. Gerade in Veränderungsprozessen ist eine stabile Motivation der MitarbeiterInnen wichtig, damit diese auch mit Rückschlägen und Widerständen umgehen können. Extrinsische Motivation reicht für solche Prozesse häufig nicht aus, weil eine instrumentelle Absicht besteht und an die Erlangung materieller Faktoren geknüpft ist. Die extrinsische Motivation erzeugt in der Regel keine Nachhaltigkeit, die bei Veränderungsprozessen wichtig ist. Kritisch zu betrachten bei der Selbstbestimmungstheorie der Motivation ist, dass diese nur einige Aspekte der Motivationsförderung aufzeigt.

Um die Motivation in einem Unternehmen mit vielen verschiedenen Charakteren zu fördern, bedarf es noch weiterer Modelle und Theorien der Motivation.

Bereits die Bedürfnispyramide nach Maslow[116] lässt sich nutzen, um die Motivation zu steigern.

In vielen Kliniken nimmt die Mitarbeitermotivation aufgrund der zunehmenden verschlechterten Rahmenbedingungen ab. Zusätzlich lässt sich neues qualifizierte Personal auf dem Arbeitsmarkt immer weniger rekrutieren.

Die Motivation von MitarbeiterInnen ist eine grundsätzliche Voraussetzung der Personalentwicklung. Hierbei sind die jeweiligen Bedürfnisse der MitarbeiterInnen von großer Bedeutung. Wichtig ist, dass es zu einer Eigenmotivation kommt. Es kann unter einer intrinsischen Motivation (personinterne Faktoren, z. B. Spaß) und unter einer extrinsischen Motivation (von außen kommende Faktoren, z. B. Bezahlung, Belohnungen) unterschieden werden. Die unteren drei Stufen der Bedürfnispyramide sind als Defizitbedürfnisse charakterisiert und die zwei obersten Stufen als Wachstumsbedürnisse. Die Bedürfnispyramide nach Maslow stellt die Bedürfnisse in einer Hierarchie dar, die maßgeblich für die Motivation zu berücksichtigen sind.

- Die Basis der Pyramide stellen die physiologischen Bedürfnisse dar. Hierunter fallen Bedürfnisse wie z. B. Hunger, Durst. Werden diese konstant befriedigt verlieren sie an Bedeutung.

- Als nächste Stufe kommen die Sicherheitsbedürfnisse. Dabei geht es um Sicherheit, Stabilität, Ordnung, Schutz, Freiheit, Struktur und Gesetz. Ist die erste Stufe der physiologischen Bedürfnisse befriedigt, jedoch die Sicherheitsbedürfnisse nicht, kann diese das Verhalten weiter bestimmen.

- Die nächste Stufe stellen die sozialen Bedürfnisse dar. Das Fehlen von sozialen Kontakten und Bindungen hat negative Auswirkungen.

- Als nächste Stufe folgen die Wertschätzungsbedürfnisse. Dabei geht es um Stärke, Leistung und Kompetenz. Auch spielt das Bedürfnis nach Prestige, Status, Ruhm und Macht eine Rolle. Diese Faktoren sind wichtig für ein stabiles Selbstwertgefühl.

- Die letzte Stufe (Spitze der Pyramide) stellen die Bedürfnisse nach Selbstverwirklichung dar. Maslow geht davon aus, dass Menschen nach Entwicklung der eigenen Persönlichkeit streben. Dieses Streben ist sehr individuell und subjektiv geprägt. Der Mensch sucht nach der Wahrheit.

Das Modell zeigt übersichtlich, welche Faktoren die Bedürfnisse der Menschen sind. Im Modell ist dargestellt, dass es von Bedeutung ist, welche Stufe ein Individuum befriedigt hat. Wenn die unteren Stufen nicht befriedigt und erfüllt sind, können die höheren nicht erreicht werden.

Das Ziel ist, die oberste Stufe der Bedürfniserfüllung im Sinne der Selbstverwirklichung zu erreichen. Die Motivation der MitarbeiterInnen ist somit maßgeblich von der Erfüllung der unterschiedlichen Stufen abhängig. Es sollten daher diese in einer Klinik berücksichtigt werden. Die Personalentwicklung sollte grundsätzlich primär die physiologischen Bedürfnisse der MitarbeiterInnen sicherstellen.

Einhaltung der Pausenzeiten spielt dabei eine wichtige Rolle. Auch die Möglichkeit zur Nahrungsaufnahme z. B. in einer Kantine zu vergünstigten Preisen ist von Vorteil. Sicherheit sollte im Unternehmen ein transparentes Thema sein. Hierzu zählen z. B. Schulungen zur aktuellen medizinischen Themen, Brandschutzübungen sowie eine klare Organisationsstruktur. Soziale Bedürfnisse können durch eine positive menschliche Führung und durch gemeinsame Treffen der MitarbeiterInnen eingebunden werden. Z. B. Schulungen, Weihnachtsfeiern, Betriebsausflüge etc. Wichtig ist auch eine gute Work-Life-Balance z. B. ausreichend Zeit für die Familie oder Freunde.

Ein grundlegend wichtiges Merkmal der Mitarbeitermotivation stellt die Wertschätzung dar. MitarbeiterInnen die regelmäßig authentische Wertschätzung erfahren, fühlen sich eher in ihrer Leistung und Kompetenz bestätigt. Dies führt zu einem stabileren Selbstwertgefühl. Die Personalentwicklung kann einen großen Einfluss auf die Selbstverwirklichung der MitarbeiterInnen nehmen. Durch eine Bedarfsanalyse können die individuellen Wünsche, Stärken und Qualifikationen weiterentwickelt werden.

Die Bedürfnispyramide nach Maslow kann im Rahmen der Personalentwicklung zur Steigerung der Motivation herangezogen werden. Für jede Art von Personalentwicklung ist Motivation die Voraussetzung. Es sollten die Bedürfnisse der MitarbeiterInnen berücksichtig und auch individuell eruiert sein.

MitarbeiterInnen deren Verhalten durch höhere Bedürfnisse bestimmt ist, sind psychisch oder physisch seltener krank. Somit stellt dies auch einen wichtigen Schutzfaktor für die Gesundheit dar. Das setzt allerdings voraus, dass die grundlegenden Bedürfnisse bereits befriedigt sind.

Die Wichtigkeit von Feedback zeigt sich in allen Theorien und Ansätze der Motivation von MitarbeiterInnen. Um das Feedback besser zu verstehen ist die Anwendung des Johari-Fensters hilfreich.

Das Johari-Fenster wurde 1955 von den amerikanischen Sozialpsychologen Joseph Luft und Harry Ingham entwickelt[118]. Der Name des Modells entstand durch die beiden Vornamen. Es stellt bewusste und unbewusste Persönlichkeits- und Verhaltensmerkmale zwischen einem Selbst und anderen oder einer Gruppe dar. Es zeigt Unterschiede zwischen Selbst- und Fremdwahrnehmung.

- Der öffentliche Bereich (A) sind die Aspekte unseres Verhaltens, die uns selbst und den anderen Mitgliedern einer Gruppe bekannt sind. Hier sind wir eine „öffentliche Person". Das Handeln erscheint frei von Vorbehalten und Ängsten.

- Der blinde Fleck (B) umfasst Aspekte unseres Verhaltens, die wir selbst eher weniger oder gar nicht wahrnehmen. Die anderen Mitglieder einer Gruppe hingegen nehmen diese Aspekte deutlich wahr. Hierbei handelt es sich um unbewusste Verhaltensweisen oder Gewohnheiten. Dieser Bereich ist maßgeblich für das Feedback, weil uns andere einen Hinweis auf uns selbst geben können. Somit können Verhaltensweisen durch ein Feedback optimiert und den blinden Fleck reduzieren.

- Der private Bereich (C) umfasst Verhaltensweisen und Aspekte unseres Denkens, die wir vor anderen bewusst verbergen. Hierbei geht es z. B. um eigene „wunde Punkte" oder Inkompetenzen.

- Der verborgene Bereich (D) umfasst das Unbewusste. Dieser Bereich ist weder den anderen zugänglich noch uns selbst. Hierzu zählen z. B. verborgene Talente und ungenützte Begabungen. Ein Zugang zu diesem Bereich ist z. B. über die Tiefenpsychologie möglich.

Das Modell zeigt übersichtlich, welche Faktoren Auswirkungen auf ein Feedback haben. Daher kann das Modell zur Vorbereitung eines Feedback-Gespräches von den Führungskräften verwendet werden und bietet somit eine gute Unterstützung. Vor allem der sogenannte blinde Fleck der MitarbeiterInnen kann hierüber reflektiert und in der Folge reduziert werden. Ohne Feedback können sich MitarbeiterInnen nicht verbessern und weiterentwickeln.

Feedback ist hilfreich, um Informationen über sich selbst zu bekommen. Unter Anwendung des Johari-Fensters können Informationen über die erwünschten und unerwünschten Aspekte des eigenen Handelns dargestellt werden. Feedback ist ein maßgeblicher Faktor des Lernens.

Ohne ein Feedback von anderen gibt es kein Lernen über sich und auch keine Weiterentwicklung. Das Feedback dient dazu, den blinden Fleck bei einer Person bewusst zu machen und zu verkleinern. Kritisch zu betrachten ist, dass die Größe der einzelnen Quadranten des Johari-Fensters sehr unterschiedlich bei Personen sein können. Dies ist unter anderem abhängig von der jeweiligen persönlichen Beziehung zu anderen. Menschen verhalten sich mit bestimmten Menschen verschieden. Auch hat jede Person eine andere Kenntnis von ihrer eigenen Persönlichkeit. Diese Faktoren sind im Johari-Fenster nicht deutlich berücksichtigt. Die Führungskräfte können diese Unterschiede in das Feedback mit einbeziehen.

Grundsätzliche Fragen, die sich das Klinikmanagement stellen sollte, sind:

1. „Pflegen wir einen wertschätzenden und freundlichen Umgangston?"

Die interne Kommunikation ist mit der wichtigste Baustein für eine gesunde Organisation. Es ist wichtig, dass die Kommunikation auf Augenhöhe und mit wertschätzender Wortwahl erfolgt.

2. „Arbeiten wir mit realistischen Ziel- und Leistungs-Vorgaben?"

Grundsätzlich sollten die Ziele und Leistungsvorgaben den Rahmenbedingungen angepasst werden. Hierbei ist es erforderlich die personellen Ressourcen zu beachten.

Aufgrund von Fehleinschätzungen kommt es häufig zu Arbeitsüberlastungen. Dadurch können Kliniken die kollektiven Ziele nicht erreichen.

3. „Geben wir den MitarbeiterInnen Raum für eigene Ideen und Kreativität?"

Maßgeblich für die Motivation der MitarbeiterInnen ist der Grad an Selbstbestimmung. Je mehr die MitarbeiterInnen in Entscheidungen und Abläufe eingebunden sind, desto höher ist die intrinsische Motivation.

4. „Sorgen wir ausreichend für Pausen und Regenerations-Phasen?"

In vielen Kliniken sind die Pausenregelungen nicht nachhaltig umzusetzen. Teilweise schaffen es die MitarbeiterInnen aufgrund der Personalsituation nicht, ihre Pausen zu nehmen. Die regelmäßigen Pausenzeiten sollten unbedingt eingehalten werden, um Überforderungen und somit Stress bzw. die Gefahren für Burnout zu reduzieren. Wichtig sind auch die Regenerations-Phasen zwischen den unterschiedlichen Schichten.

5. „Besitzen unsere Mitarbeiter genügend Entscheidungsfreiheit?"

Die Entscheidungsfreiheit der MitarbeiterInnen erhöht die Selbstbestimmung und somit die Motivation. Die Entscheidungen sollten transparent berufsübergreifend kommuniziert werden.

6. „Achten unsere Vorgesetzten auf ihre Vorbildfunktion?"

Die Vorbildfunktion der Führungskräfte ist maßgeblich, um die kollektiven Ziele der Klinik umzusetzen. MitarbeiterInnen erfüllen ihre Aufgaben und Vorgaben effektiver, wenn sie ihre Führungskraft als Vorbild wahrnehmen. Grundsatz ist: „Führe durch dein Vorbild und nicht durch deine Position!".

7. „Sorgen wir für eine nachhaltige Weiterbildung unserer Mitarbeiter?"

Weiterbildung und Qualifizierung der MitarbeiterInnen ist der Nährboden für die Qualität einer Klinik. Gerade die Schnelllebigkeit in der Medizin benötigt regelmäßige Weiterbildungen, um den aktuellen Standards Genüge zu tun.

8. „Bieten wir eine konstruktive Fehler- und Lernkultur?"

Sicherheit und Qualität entsteht vor allem durch eine konstruktive Fehler- und Lernkultur. Dabei geht es nicht darum, schuldige auszumachen, sondern Lösungsorientiert zu reflektieren, wie in Zukunft Fehler vermieden werden können. Es bedarf einer Unternehmenskultur des Vertrauens und wertschätzender Kommunikation, damit Fehler offen und frühzeitig angesprochen werden können.

Faktoren der Arbeitszufriedenheit in Unternehmen sollten grundsätzlich beachtet werden. Arbeitszufriedenheit kann als eine Einstellung gedeutet werden. Diese wird als relativ stabile Bewertung betrieblicher Gegebenheiten durch die MitarbeiterInnen interpretiert.

Einstellungen ergeben sich daraus, dass bestimmte Bedingungen als hilfreich betrachtet werden, um die eigenen Ziele zu erreichen. Die Arbeitszufriedenheit kann verschiedene Qualitäten haben. Dieses kann auf Bewertungsprozesse zurückgeführt werden.

Ein wahrgenommener Ist-Zustand wird mit einem persönlichen Anspruch (Soll-Zustand) verglichen. Dies ist in einem Modell nach Agnes Bruggemann[114] beschrieben:

- In dem Modell ist dargestellt, ob die eigenen Ansprüche aufrechterhalten oder diese angesichts der Bedingungen gesenkt werden. Je nachdem führt dies zu anderen Formen der Arbeitszufriedenheit.

- Bei der progressiven Arbeitszufriedenheit besteht eine gute Bewertung der Arbeitszufriedenheit, jedoch ist noch Optimierungsbedarf.

- Die stabilisierte Arbeitszufriedenheit ist kein Nährboden, um gesteigerte Leistungsbereitschaft zu erwarten.

- Bei der resignativen Arbeitszufriedenheit erkennen die MitarbeiterInnen, dass sie ihre ursprünglichen Ziele nicht erreichen konnten und senken ihre Ansprüche.

- Bei der Pseudo-Arbeitszufriedenheit ist der Soll-Ist-Vergleich negativ. Das führt dazu, dass das Anspruchsniveau unverändert bleibt und die Situation wird verfälscht (geschönt) wahrgenommen.

- Bei fixierter Arbeitsunzufriedenheit wird wahrgenommen, dass es schlecht ist und es wird auf Lösungsversuche verzichtet.

- Bei der konstruktiven Arbeitsunzufriedenheit wird wahrgenommen, dass es schlecht ist, jedoch wird an Lösungsversuchen gearbeitet.

Um die Arbeitszufriedenheit bei den MitarbeiterInnen zu steigern, bedarf es vieler Aspekte welche die Einstellungen der MitarbeiterInnen beeinflussen. Hierzu zählen z. B. der Arbeitsinhalt, Arbeitsbedingungen, Vorgesetzte, Kollegen, Weiterbildungsmöglichkeiten etc. Viele dieser Aspekte können von den Führungskräften positiv beeinflusst werden.

Da die resignative Arbeitszufriedenheit in vielen Kliniken dominiert, ist es wichtig, aus der resignativen Arbeitszufriedenheit eine konstruktive Arbeitsunzufriedenheit zu machen. Es sollte das Wissen und die Erfahrungen vermittelt werden, damit die MitarbeiterInnen erkennen, dass sie durch eigene Anstrengung vorhandene Bedingungen verbessern können.

Grundsätzlich sollte beachtet werden, dass eine adäquate Feedbackkultur im Betrieb aufgebaut wird, wo es erlaubt ist, kritisches Feedback von unten nach oben zu kommunizieren.

Die Arbeitszufriedenheit der MitarbeiterInnen stellt einen wichtigen Faktor für eine Klinik dar, weil diese die Produktivität beeinflussen kann.

An dem Modell lässt sich gut erkennen, wie Erwartungen Einfluss auf das Anspruchsniveau haben und inwieweit dieses zur Arbeitszufriedenheit oder Arbeitsunzufriedenheit beiträgt. Vor allem bei der resignativen Arbeitszufriedenheit ist es wichtig, dass Führungskräfte frühzeitig intervenieren, um diese in eine konstruktive Arbeitsunzufriedenheit umzuwandeln.

Hierzu bedarf es konkreter und effektiver Führungskompetenzen, um den MitarbeiterInnen aufzuzeigen, welchen Einfluss persönlicher Einsatz auf die Bedingungen haben kann.

Wie bereits erwähnt haben die Führungskräfte einen großen Einfluss auf die MitarbeiterInnen. Bis heute kann die Wissenschaft keinen Führungsstil als einzig richtigen darstellen. Es gibt viele verschiedene Ansätze. Zwei Führungsstile sollen genauer betrachtet werden.

Die Führung von MitarbeiterInnen stellt in jeder Klinik eine große Herausforderung dar. Zum einen sollen Führungskräfte die Produktivität und Rentabilität sicherstellen und zum anderen sollen die MitarbeiterInnen motiviert und zufrieden sein. Ein Ansatz sind die Rollen transformatorischer und transaktionaler Führung[115].

Das Modell unterscheidet zwei Führungsansätze. Bei dem transaktionalen Führungsstil wird eher nach folgenden Faktoren geführt: analytisch, sachlich und distanziert.

Die Konzentration liegt auf Prozesssteuerungen, Ressourcenplanungen, Umsetzungen von Maßnahmen sowie Erfolgskontrollen.

Bei dem transformatorischen Führungsstil geht es um intensive Kommunikation und Entwicklung von MitarbeiterInnen in Bezug auf Fähigkeiten und Eigenverantwortung. Bei der transformatorischen Führung stehen vier Rollenbilder im Vordergrund.

- Der Visionär: Hierbei handelt es sich um eine inspirierende Motivierung durch die Vermittlung von Sinn für das Unternehmen und die MitarbeiterInnen. Diese erfolgt durch eine überzeugende Kommunikation der Visionen. Der Visionär hinterfragt sich selbst, lässt sich aber nicht durch äußere Umstände vom Weg abbringen.

- Der Problemlöser: Es handelt sich um intellektuelle Stimulierung, um die Problemlösungskompetenzen der MitarbeiterInnen zu fördern und auszubauen.

- Der Coach: Es wird die Selbsterkenntnis der MitarbeiterInnen gefördert. Dies zeigt sich durch regelmäßiges Feedback mit Lob aber auch Kritik. Feedback ist ein wichtiger Faktor der Mitarbeitermotivation.

- Das authentische Vorbild: Wer hohe Erwartungen an die MitarbeiterInnen stellt, sollte dieses auch selbst vorleben. Hierzu gehört auch das Eingestehen von eigenen Fehlern. Zusätzlich sollte die Führungskraft eigene Lernbereitschaft zeigen, um die eigene Weiterentwicklung zu fördern.

Alte Führungsstile, die nur auf Leistung und Kontrolle beruhen, sollten hinterfragt werden. Die transformatorische Führung sollte im Vordergrund stehen. MitarbeiterInnen sollten durch Vermittlung von Sinn motiviert und die Kompetenzen sollten individuell gefördert werden. Dadurch wird die Problemlösungskompetenz gesteigert. Es sollte eine effektive Feedbackkultur gelebt werden, damit sich MitarbeiterInnen ernst genommen und wahrgenommen fühlen. Führungskräfte sollen als Vorbild agieren, d. h. die Erwartungen und Anforderungen selbst vorleben.

Das Modell der Rollen transformatorischer und transaktionaler Führung zeigt Faktoren auf, welche für eine effektive Führung wichtig sind.

Ein zentraler Kernpunkt der transformatorischen Führung sind die Persönlichkeitsmerkmale Zielgerichtetheit und Willenskraft. Diese Merkmale sind wichtig, da es bei der Umsetzung von Visionen häufig am Anfang zu Widerständen der Betroffenen kommt. Ein weiteres wichtiges Persönlichkeitsmerkmal für die transformatorische Führung ist die emotionale Intelligenz, weil dieser Führungsstil vor allem auf soziale Situationen bezogen ist.

Diese Persönlichkeitsmerkmale sind auch kritisch anzusehen, weil diese oftmals nicht ausreichend bei Führungskräften gefördert sind. Häufig wird eher der transaktionale Führungsstil in Kliniken angewendet, dieser kann eher „mechanisch" ausgeführt werden.

Dies bezieht sich auf die klassischen Managementaufgaben z. B. Ziele, Planung, Kontrolle etc. Für die transformatorische Führung stehen Motivation, Kommunikation und Inspiration von Mitarbeitern im Fokus.

Hierzu bedarf es ausgeprägter sozialer und emotionaler Fähigkeiten der Führungskräfte. Diese Fähigkeiten müssen im Vorfeld und auch nachhaltig geschult werden, durch z. B. Coachings, Workshops, Seminare, Supervisionen.

Ein anderer Ansatz der Führung ist die X-Y-Theorie. Douglas McGregor[117] hat die X-Y-Theorie entworfen. Hierbei bezieht er den dualistischen Ansatz vom optimistischen bzw. pessimistischen Menschenbild ein. Er teilt den beiden Menschenbildern einen konkreten Personalführungsansatz zu. McGregor bezieht klare Stellung zur Theorie Y, weil er der Meinung ist, dass hierdurch die Ziele des Unternehmens besser erreicht werden können und auch die Mitarbeiterzufriedenheit steigen würde.

Aus der Theorie X und Theorie Y leiten sich erkennbare Folgen für die jeweilige Führungskraft ab:

• Führungskräfte die eher die Theorie X in sich tragen, verstehen Führung als Kontrollfunktion und haben ein autoritäres Führungsverhalten. Die Führungskraft steht im Vordergrund und die Wünsche und Bedürfnisse der MitarbeiterInnen sind nicht vorrangig. Die MitarbeiterInnen werden nicht motiviert und werden sich dementsprechend gegenüber ihrer Führungsperson verhalten. Dieses Verhalten wird der Führungskraft zurückgemeldet und bestätigt diese wiederum in ihrem Menschenbild. Somit kann in diesem Fall keine Personalentwicklung wirklich stattfinden.

- Führungskräfte die eher die Theorie Y in sich tragen, werden die MitarbeiterInnen motivieren. Auch die Wünsche und Bedürfnisse werden berücksichtigt. Es wird ein kooperativer und partizipativer Führungsstil gelebt. Es ist wichtig, dass die Führungsperson Vertrauen gegenüber den MitarbeiterInnen hat, dass diese leistungsorientiert sind. Auch dieses Menschenbild der Theorie Y wird im Sinne einer „Selffulfilling Prophecy" auf die Führungskraft zurückwirken und somit sein Menschenbild stabilisieren.

Wenn MitarbeiterInnen eher nach der Theorie X geführt werden, mit viel Kontrolle und strengen Vorgaben, führt dies eher zu einem passiven Arbeitsverhalten. Dadurch kann keine Übernahme von Verantwortung und Selbstständigkeit gefördert werden. Wenn Führungskräfte eher nach der Theorie Y führen, wird das Vertrauen und die Motivation der MitarbeiterInnen positiv beeinflusst. Es wird die Selbstverwirklichung und auch die Selbstbestimmung gefördert, was auch die Kreativität und Innovationsfähigkeit der MitarbeiterInnen steigern kann.

Durch die X-Y-Theorie wird deutlich, dass Führungskräfte Schulungen benötigen, um das Menschenbild der Theorie Y in sich zu tragen und auf ihr persönliches Führungsverhalten zu übertragen.

Der Mensch sollte in Kliniken nicht nur als Produktionsfaktor gesehen werden, sondern als ein Individuum mit bestimmten Zielen.

Die X-Y-Theorie von Douglas McGregor stellt zwei Menschenbilder deutlich dar. Es sind die Konsequenzen auf das Führungsverhalten nachvollziehbar aufgezeigt. Nicht auf die Führungskraft bezogen, basiert die Theorie X auf der Annahme, dass Menschen von Natur aus wenig ehrgeizig und eher faul sind. Diese könnten nur extrinsisch motiviert werden. Die Theorie Y geht von der Annahme aus, dass Menschen sich eigene Ziele setzen können und Freude an Leistung haben. Diese können auch durch Arbeit eine Zufriedenheit erlangen.

Kritisch zu betrachten ist, dass die Theorien X und Y sich gegenseitig ausschließen können. Aufgrund dieser Sachlage, hat McGregor auf Grundlage der Motivations- und Persönlichkeitstheorie von Maslow die Theorie Z entwickelt. Die „Theory Z" geht von folgenden Annahmen aus:

Strafen und Kontrollen sind nicht die einzigen Mittel, damit sich MitarbeiterInnen für ein Unternehmen und dessen Ziele einsetzen. MitarbeiterInnen die sich gewissen Zielen verpflichtet fühlen, können die Selbstdisziplin und Selbstkontrolle aufbringen, um diese zu erreichen. Die Stärke des Gefühls der Verpflichtung ist von der Belohnung abhängig. Durchschnittliche MitarbeiterInnen können unter guten Rahmenbedingungen lernen aktiv zu sein und Verantwortung zu übernehmen.

Trotz aller Bemühungen der Führungskräfte kann es zu Barrieren und Widerständen der MitarbeiterInnen kommen. Einen Überblick verschafft z. B. die Barrieren des organisationalen Lernens nach Steinfeldt & Hoffman[119].

Es gibt unterschiedliche Faktoren, die Lernfähigkeit in Organisationen verhindern können und somit Veränderungsprozesse erschweren. Dieses sind z. B. Widerstände von Individuen. Häufig kommen noch Faktoren der Schwerfälligkeit von Organisationen dazu, eine gewisse organisationale Trägheit, die die Lernfähigkeit verhindern kann. Das Modell Barrieren des organisationalen Lernens zeigt auf, welche Widerstände Einfluss nehmen können.

- Individuelle Barrieren beziehen sich auf das „Nicht-Wollen" oder das „Nicht-Können" der Mitglieder einer Organisation. Die Mitglieder sind nicht offen für Veränderungen und zeigen keine Bereitschaft die Maßnahmen umzusetzen. Dies kann auch aufgrund von Defiziten im Wissen oder dem technischen Bereich sein.

- Strukturelle Barrieren beziehen sich auf die soziale Ebene einer Organisation. Organisationen bestehen auch aus ausdifferenzierten Subsystemen. Dies sind Abteilungen mit unterschiedlichen Aufgaben. Wenn sich eine Abteilung sehr auf sich selbst fokussiert und nicht mehr auf die Umwelt, kann es zu Machtkämpfen und Verteilungskonflikten kommen (Abteilungsegoismus). Zusätzlich gehören zu den strukturellen Barrieren die Hierarchiesysteme einer Organisation. Sind diese sehr starr ausgeprägt, kann es zu langen Entscheidungs- und Kommunikationswegen kommen, was zur Trägheit führen kann.

- Unternehmenskulturelle Barrieren beziehen sich auf bestimmte Kulturen der Organisation. Besteht ein starres Regelwerk innerhalb der Organisation, können Personen in bestimmten zugewiesen Rollen nicht agieren, auch wenn sie wollen. Defensive Routinen sind ein Schutz vor individuellen Inkompetenzen. Eine Einheitskultur stellt sich dar, wenn die Organisation zu sehr in sich geschlossen ist und keine Alternativen zulässt. Die Vergangenheitsorientierung bezieht sich auf gewachsene Strukturen und Routinen, die Innovationen verhindern können. Einer der wichtigsten Einflüsse auf dieser Ebene ist Macht. Machtinhaber können Veränderungsprozesse vorantreiben aber auch völlig blockieren.

Für die Geschäftsführung und die Führungskräfte ist es wichtig individuelle Widerstände zu erkennen und aufzulösen. Dabei sind eine offene Unternehmenskommunikation und die Beachtung der Bedürfnisse der MitarbeiterInnen ausschlaggebend. Strukturelle Hindernisse sollten durch abteilungsübergreifende Zusammenarbeit minimiert werden.

Formen von „Abteilungsegoismus" können z. B. durch Workshops und teamübergreifende Teamcoachings aufgelöst werden. Flache Hierarchien reduzieren unternehmenskulturelle Hindernisse.

Wichtige Rollenträger innerhalb der Organisation benötigen eine hohe Rollenflexibilität, um Innovationen voranzutreiben. Die Kompetenzen sollten einheitlich entwickelt und die Unternehmenskultur sollte eine transparente offene Ebene für die Umwelt darstellen. Machtinhaber können die Veränderungsprozesse mit effektiver Kommunikation und ein kooperativen Führungsstil fördern.

Die Barrieren des organisationalen Lernens zeigen deutlich auf, welche Widerstände in einer lernenden Organisation vorhanden sein können. Diese Barrieren können Veränderungsprozesse erheblich stören oder sogar verhindern. Für Kliniken ist es wichtig diese Einflüsse zu kennen und adäquate Maßnahmen zu nutzen, um diese zu minimieren oder aufzulösen.

Es gibt unterschiedliche Erscheinungsformen von Widerständen in Unternehmen. Ein Ansatz ist von Doppler & Lauterburg.[115]

Die Erscheinungsformen von Widerständen sind auf vier Ebenen aufgezeigt:

- Aktiv/Verbal: Hierbei handelt es sich um Widerspruch. Die MitarbeiterInnen zeigen ihren Widerstand deutlich über Angriff und Kommunikation, in Form von Vorwürfen, Drohungen, Polemik etc.

- Aktiv/Nonverbal: Hier zeigt sich der Widerstand in einem aktiven Verhalten als Aufregung in Form von Unruhe, Streit, Cliquenbildungen etc.

- Aktiv/Verbal: Es handelt es sich um Ausweichen. Die MitarbeiterInnen zeigen durch ihr Kommunikationsverhalten Verhaltensweisen wie z. B. Schweigen, Bagatellisieren, Dinge ins Lächerliche ziehen etc.
- Aktiv/Nonverbal: Es zeigt sich der Widerstand in einem passiven Verhalten z. B. Lustlosigkeit in Form von Müdigkeit, Fernbleiben, Krankheit etc.

Damit die Widerstände bei den MitarbeiterInnen erkannt werden, sollten die Führungskräfte auf aktive und passive Formen der Kommunikation und dem Verhalten bewusst achten. Mit dem Wissen um die Formen von Widerständen kann das Unternehmen aktiv diese durch gezielte Maßnahmen, wie z. B. Coachings, Trainings, Mitarbeiterbesprechungen etc. minimieren.

Die Darstellung der Erscheinungsformen von Widerständen zeigt auf, welche aktiven und passiven Widerstände vorhanden sein können. Das Wissen und das Bewusstsein für diese Faktoren kann einem Unternehmen helfen diese zu erkennen und Maßnahmen einzuleiten, um diese zu reduzieren oder aufzulösen.

Abschließend ist festzuhalten, dass alle Lösungsansätze nur über eine gemeinsame wertschätzende Zusammenarbeit möglich sind. Hierzu bedarf es eines effektiven Teamgedankens mit flachen Hierarchien zwischen dem Pflegepersonal und dem ärztlichen Personal sowie allen anderen Funktionsdiensten in den Kliniken.

Hierdurch besteht die Möglichkeit die hohen Arbeitsbelastungen und Stressauslöser zu reduzieren sowie eine Burnout-Prophylaxe zu implementieren. Zudem können Faktoren die zu Konflikten führen minimiert werden.

12. Ausblick

Die Zahlen belegen und die eigene Erfahrung bestätigt, dass es eine deutliche Zunahme von Stress, Burnout und Konflikten bei den MitarbeiterInnen in den Klinken gibt.

Der akute Personalmangel stellt eine große Herausforderung für alle Klinken dar. Aufgrund des demografischen Wandels wächst die Anzahl der Menschen, die eine professionelle Betreuung und Versorgung benötigen. Innerhalb der nächsten Jahre wird der Personalmangel noch deutlich ansteigen und somit auch der Zeitmangel für die Betreuung und Versorgung der PatientInnen. Diese Faktoren führen zu einer erheblichen Zunahme von Stress, Burnout und Konflikten beim Pflegepersonal. Es zeigt sich immer deutlicher, dass es ein Nachwuchsproblem besonders für Fachkräfte gibt. Die Generationen Y und Z haben andere Wertmaßstäbe und nur wenige sehen eine berufliche Erfüllung in den Pflegebereichen, da diese Berufsbilder aufgrund der Schicht, Wochenend- und Feiertagsarbeit sowie der geringen Bezahlung unattraktiv erscheinen.

Ebenso steigt der Druck im Gesundheitswesen stetig an, da die Einrichtungen profitorientiert arbeiten müssen. Somit sind die wirtschaftlichen Zahlen heutzutage wichtiger als das Wohlergehen der MitarbeiterInnen und PatientInnen. Die Rahmenbedingungen für das ärztliche Personal und die Führungskräfte werden immer schlechter, weshalb diese immer weniger in der Lage sind, ihre Fürsorgepflicht gegenüber ihren MitarbeiterInnen zu wahren.

Zudem zeigt sich ein grundsätzliches Problem: Den MitarbeiterInnen wird in den Klinken keine Wertschätzung intern, beispielsweise durch Führungskräfte, oder extern, durch z. B.
Angehörige und PatientInnen entgegengebracht. Viele Pflegekräfte können den hohen physischen und psychischen Anforderungen nicht mehr gerecht werden und verlassen
frühzeitig den Beruf, was den Personalnotstand wiederum
deutlich erhöht.

Aus meiner Sicht wird das System des Gesundheitswesens,
wenn keine Maßnahmen gegen die dargestellten Probleme
unternommen werden, kollabieren. Es besteht akuter Handlungsbedarf, um mehr Personal einzustellen und die Rahmenbedingungen zu verbessern. Die hohen Belastungen
aufgrund von Stress, Burnout und Konflikten müssen bei den
MitarbeiterInnen reduziert und neue Ressourcen aufgebaut
werden, damit die PatientInnen auch noch in der Zukunft adäquat und professionell versorgt werden können.

Schulungen zum Stress- und Konfliktmanagement sowie eine
Organisationskultur, die eine wertschätzende, respektvolle
und anerkennende Kommunikation beinhaltet, sind unabding-
bar und können in ihrer Gesamtheit zu einer Burnout-Prophylaxe beitragen.

Aus diesem Grund sehe ich die Politik in der Verantwortung,
zeitnah zu handeln, um die genannten Defizite, welche auf
das gesamte Gesundheitswesen zu übertragen sind, aufzuarbeiten.

Aufgrund der aktuellen medialen Diskussionen durch die Corona-Pandemie über den Pflegenotstand, der bereits als Patientengefährdung beschrieben wird, kann und darf dieser Missstand nicht weiterhin unbeachtet bleiben.

Grundsätzlich sind die wirtschaftlichen Zahlen einer Klinik von Bedeutung. Jedoch „bewegen" Zahlen erstmal nichts. Menschen „bewegen" Zahlen. Daher müssen die MitarbeiterInnen in den Klinken Wertschätzung und Unterstützung erhalten, damit die Zahlen auch generiert werden können. Ansonsten „verbrennen" im Laufe der Zeit immer mehr MitarbeiterInnen in den Klinken und mit verbrannter Erde können keine Zahlen „bewegt" werden. Ein akutes Umdenken ist somit unumgänglich.

Es besteht somit ein Notfall.

Literaturverzeichnis

1 Rebscher, H. (Hrsg.). (2016). Der Gesundheitsreport 2016: Analyse der Arbeitsunfähigkeitsdaten. Schwerpunkt: Gender und Gesundheit. Hamburg: DAK- Gesundheit. Abgerufen von https://www.dak.de/dak/download/gesundheitsreport-2016---warum-frauen-und-maenner-anders-krank-sind-1782660.pdf

2 Wohlers, K., & Hombrecher, M. (2016). Entspann dich, Deutschland TK-Stressstudie 2016. Hamburg: Techniker Krankenkasse. Abgerufen von https://www.tk.de/resource/blob/2026630/9154e4c71766c410dc859916aa798217/tk-stressstudie-2016-data.pdf

3 Simon, M., Tackenberg, P., Hasselhorn, H. M., Kümmerling, A., Büscher, A., & Müller, B. H. (2005). Auswertung der ersten Befragung der NEXT-Studie in Deutschland. Universität Wuppertal. Abgerufen von http://www.next.uni-wuppertal.de/download.php?f=67c55b82536b145ec6a7faf17db66dff&target=0

4 Becka, D., Evans, M., & Öz, F. (2016). Teilzeitarbeit in Gesundheit und Pflege. Profile aus Perspektive der Beschäftigten im Branchen- und Berufsvergleich. In Forschung Aktuell, 4/2016. Gelsenkirchen: Institut Arbeit und Technik (IAT). Abgerufen von http://www.iat.eu/forschung-aktuell/2016/fa2016-04.pdf

5 Zapf, D., & Semmer, N. K. (2004). Stress und Gesundheit in Organisationen. In H. Schuler (Hrsg.), Enzyklopädie der Psychologie. Themenbereich D, Serie III, Bd 3 ‚Organisationspsychologie (2 Aufl.) (S. 1007-1112). Göttingen: Hogrefe.

6 Sedlacek, B. (2011). DGFP Studie: Psychische Beanspruchung von Mitarbeitern und Führungskräften. Düsseldorf: Deutsche Gesellschaft für Personalführung e.V. Abgerufen von https://www.dgfp.de/fileadmin/user_upload/DGFP_e.V/Medien/Publikationen/Praxispapiere/201102_Praxisipapier_studie-psychische-beanspruchung.pdf

7 Gläßer, U., & Kirchhoff, L. (2011). Konfliktmanagement von den Elementen zum System. Frankfurt/Main: PricewaterhouseCoopers. Abgerufen von https://www.ikm.europa-uni.de/de/publikationen/EUV_PwC_Studie_Konfliktmanagement-Systeme_2011_DRUCK-V15.pdf

8	Schwarz, G. (2014). Konfliktmanagement: Konflikte erkennen, analysieren, lösen (9. Aufl.). Wiesbaden: Gabler. S. 43
9	Paridon, H., & Mühlbach, J. (2016). Psychische Belastung in der Arbeitswelt: Eine Literaturanalyse zu Zusammenhängen mit Gesundheit und Leistung. Dresden: Initiative Gesundheit und Arbeit (iga). Abgerufen von https://www.iga-info.de/ fileadmin/redakteur/Veroeffentlichungen/iga_Reporte/Dokumente/iga-Report_32_Psychische_Belastung_in_der_Arbeitswelt.pdf
10	Aiken, L. H., Sermeus, W., Van den Heede, K., Sloane, D. M., Busse, R., McKee, M., Bruyneel, L., Rafferty, A. M., Griffiths, P., Moreno-Casbas, M. T., Tishelman, C., Scott, A., Brzostek, T., Kinnunen, J., Schwendimann, R., Heinen, M., Zikos, D., Strømseng Sjetne, I., Smith, H. L., & Kutney-Lee, A. (2012). Patient safety, satisfaction, and quality of hospital care: cross sectional surveys of nurses and patients in 12 countries in Europe and the United States. British Medical Journal, 344: e1717. doi:10.1136/bmj.e1717
11	Kliner, K., Rennert, D., & Richter, M. (Hrsg.). (2017). Gesundheit und Arbeit – Blickpunkt Gesundheitswesen. Berlin: Medizinisch Wissenschaftliche Verlagsgesellschaft und BKK Dachverband e.V. Abgerufen von https://www.bkk-dachverband.de/fileadmin/publikationen/gesundheitsatlas/2017/BKK_Gesundheitsatlas_2017.pdf
12	Statistisches Bundesamt. (2017a, 25. Januar). Beschäftigungszuwachs in medizinischen Gesundheitsberufen verlangsamt sich. [Pressemeldung]. Abgerufen von https://www.destatis.de/DE/PresseService/Presse/Pressemitteilungen/2017/01/PD17_030_23621pdf.pdf?__blob=publicationFile
13	Statistisches Bundesamt (Hrsg.). (2017b). Fachserie 12, Reihe 6.1.1 Grunddaten der Krankenhäuser 2016. Wiesbaden: Statistisches Bundesamt. Abgerufen von https://www.destatis.de/DE/Publikationen/Thematisch/Gesundheit/Krankenhaeuser/GrunddatenKrankenhaeuser2120611167004.pdf?__blob=publicationFile
14	Richter, D., & Heckemann, B. (2014). Resilienz bei Mitarbeitenden im Gesundheitswesen: Bedarfsermittlung und Schulung im Umgang mit psychosozialen Belastungen am Arbeitsplatz. Berner Fachhochschule: Fachbereich Gesundheit. Bern: Eigenverlag. Abgerufen von https://www.gesundheitsdienstportal.de/files/Resilienz-Schlussbericht-Februar-2014.pdf

15	Simon, M., Tackenberg, P., Hasselhorn, H. M., Kümmerling, A., Büscher, A., & Müller, B. H. (2005). Auswertung der ersten Befragung der NEXT-Studie in Deutschland. Universität Wuppertal. Abgerufen von http://www.next.uni-wuppertal.de/ download.php? f=67c55b82536b145ec6a7faf17db66dff&target=0. S. 34
16	Galatsch, M., Iskenius, M., & Hasselhorn, H. M. (2011). Längsschnittanalyse der allgemeinen Gesundheit von deutschen Pflegenden unterschiedlicher Altersgruppen im Krankenhaus und der stationären Altenpflege. Bergische Universität Wuppertal, Berufsgenossenschaft für Gesundheitsdienst und Wohlfahrtspflege. Abgerufen von http://www.next.uni-wuppertal.de/download.php?f=fa48b05d3cf9ad23b2dd3c268b6b43bb &target=0
17	Burkhart, M., Ostwald, D., & Ehrhard, T. (2012). Studie der PwC: 112 – und niemand hilft. Frankfurt/Main: PricewaterhouseCoopers. Abgerufen von https://www.pwc.de/ de/gesundheitswesen-und-pharma/assets/pwc-studie-112-und-niemand-hilft-sep-2012.pdf
18	Galatsch, M., Iskenius, M., & Hasselhorn, H. M. (2011). Längsschnittanalyse der allgemeinen Gesundheit von deutschen Pflegenden unterschiedlicher Altersgruppen im Krankenhaus und der stationären Altenpflege. Bergische Universität Wuppertal, Berufsgenossenschaft für Gesundheitsdienst und Wohlfahrtspflege. Abgerufen von http://www.next.uni-wuppertal.de/download.php?f=fa48b05d3cf9ad23b2dd3c268b6b43bb &target=0
19	Grosser, M. (2014). Burnout im Krankenhaus: Ursachen, Folgen und Prävention. In D. von der Oelsnitz, F. Schirmer, & K. Wüstner (Hrsg.), Die auszehrende Organisation (S. 209-237). Wiesbaden: Gabler.
20	Bendig, H. (2017). Gesundheit für Pflegekräfte im Berufsalltag: Empfehlungen für die betriebliche Gesundheitsförderung und Prävention in der Pflege. Dresden: Initiative Gesundheit und Arbeit (iga). Abgerufen von https://www.iga-info.de/ fileadmin/redakteur/Veroeffentlichungen/iga_Wegweiser/Dokumente/iga-Wegweiser_Gesundheit_fuer_Pflegekraefte.pdf. S. 3f.
21	Busse, A., Plaumann, M., & Walter, U. (2006). Stresstheoretische Modelle. In Kaufmännische Krankenkasse (Hrsg.), Stress? Ursachen, Erklärungsmodelle und präventive Ansätze (S. 63-77). Berlin: Springer. S. 2
22	Cannon, W. B. (1932). The wisdom of the body. New York: W W Norton & Co.

23	Lazarus, R. L., & Folkman, S. (1984). Stress, appraisal, and coping. New York: Springer.
24	Selye, H. (1953). Einführung in die Lehre vom Adaptationssyndrom. Stuttgart: Thieme.
25	Cohen, S., Kessler, R. C., & Gordon, L. U. (1995). Strategies for Measuring Stress in Psychiatric and Physical Disorders. In S. Cohen, R. C. Kessler, & L. U. Gordon (Eds.), Measuring Stress (pp. 3-28). New York: Oxford University Press.
26	Habermann-Horstmeier, L. (2017). Risikofaktor "Stress": Kompakte Einführung und Prüfungsvorbereitung für alle interdisziplinären Studienfächer. Bern: Hogrefe.
27	Anderson, L. P. (1991). Acculturative stress: A theory of relevance to black Americans. Clinical Psychology Review, 11, 685-702. doi:10.1016/0272-7358(91)90126-F
28	Davison, G. C., & Neale, J. M. (1998). Klinische Psychologie. Weinheim: Beltz.
29	Böhmert, M., Beermann, B., & Richter, G. (2012). Sicherheit und Gesundheit bei der Arbeit im Gesundheitswesen: Leitfaden für Prävention und gute Betriebspraxis. Luxemburg: Amt für Veröffentlichungen der Europäischen Union. Abgerufen von http://iegus.eu/wp-content/uploads/2017/10/progress-Leitfaden-Deutsch.pdf. S. 180ff.
30	Knecht, T. (2012). Das transaktionale Stressmodell von Richard Lazarus. München: GRIN.
31	Bengel, J., Strittmatter, R., & Willmann, H. (2001). Was erhält Menschen gesund? Antonovskys Modell der Salutogenese – Diskussionsstand und Stellenwert. Köln: Bundeszentrale für gesundheitliche Aufklärung (BZgA). Abgerufen von https://www.bug-nrw.de/fileadmin/web/pdf/entwicklung/Antonowski.pdf
32	Stroebe, W., & Jonas, K. (2002). Gesundheitspsychologie – Eine sozialpsychologische Perspektive. In W. Stroebe, K. Jonas & M. Hewstone (Hrsg.), Sozialpsychologie. Eine Einführung (S. 579-622). Berlin: Springer.
33	Antonovsky, A. (1997). Salutogenese. Zur Entmystifizierung der Gesundheit. Tübingen: Dgvt.
34	Hobfoll, S. E. (1998). The ecology of stress. New York: Hemisphere.

35	Siegrist, J. (1996). Soziale Krisen und Gesundheit. Göttingen: Hogrefe.
36	Walter, U., Krugmann, C. S., & Plaumann, M. (2012). Burn-out wirksam prävenieren?: Ein systematischer Review zur Effektivität individuumbezogener und kombinierter Ansätze. Bundesgesundheitsblatt, 55, 172-182. doi:10.1007/s00103-011-1412-0
37	Wissenschaftliches Institut der AOK. (2011, 19 April). Burnout auf dem Vormarsch [Pressemeldung]. Abgerufen von http://www.wido.de/fileadmin/wido/downloads/ pdf_pressemitteilungen/wido_pra_pm_krstd_0411.pdf. S. 5
38	Burisch, M. (2014). Das Burnout-Syndrom: Theorie der inneren Erschöpfung (5. Aufl.). Berlin: Springer.
39	Dech, H. (2009). Sozialmedizinische Aspekte von Burnout-Syndromen und psychosozialer Gesundheitsförderung als neuer Ansatz der Prävention. Psychotherapie im Dialog, 10 (3), 209-214. doi:10.1055/s-0029-1223318
40	DGPPN-Deutschen Gesellschaft für Psychiatrie, Psychotherapie und Nervenheilkunde. (2012). Positionspapier der Deutschen Gesellschaft für Psychiatrie, Psychotherapie und Nervenheilkunde. (DGPPN) zum Thema Burnout. Abgerufen von http://www2.psychotherapeutenkammer-berlin.de/uploads/stellungnahme_dgppn_2012.pdf. S.1
41	Nila, R., Jacobshagen, N., Schächinger, H., Baumann, P., Höcke, P., Hättenschwiler, J., Ramseier, F., Seifritz, E., & Holsboer-Trachsler, E. (2010). Burnout – eine Standortbestimmung. Schweizer Archiv für Neurologie und Psychiatrie,161 (2), 72-77. Abgerufen von http://www.zadz.ch/wp-content/uploads/17.Nil-SANP-burnout_standortbestimmung_2010-02.pdf
42	Freudenberger, H. J., & Richelson, G. (1980). Ausgebrannt. Die Krise der Erfolgreichen - Gefahren erkennen und vermeiden. München: Kindler.
43	Scherrmann, U. (2015). Stress und Burnout in Organisationen: Ein Praxisbuch für Führungskräfte, Personalentwickler und Berater. Berlin: Springer.
44	Rösing, I. (2008). Ist die Burnout-Forschung ausgebrannt? Analyse und Kritik der internationalen Burnout-Forschung (2. Aufl.). Kröning: Asanger. S. 20
45	Schaufeli, W. B., & Enzmann, D. (1998). The burnout companion to study & practice. London: Taylor & Francis. S. 36

46 Fengler, J. (2002). Burnout und Stress. In J. Fengler (Hrsg.), Handbuch der Suchtprävention – Beratung, Therapie, Prävention (S. 89-93). Landsberg: ecomed. S. 89

47 Koch, U., & Broich, K. (2012). Das Burn-out-Syndrom. Bundesgesundheitsblatt, 55, 161-163. doi:10.1007/s00103-011-1415-x

48 Korczak, D., Kister, C., & Huber, B. (2010). Differenzialdiagnostik des Burnout- Syndroms. Schriftenreihe Health Technology Assessment (HTA) in der Bundesrepublik Deutschland,105. Köln: Deutsches Institut für Medizinische Dokumentation und Information (DIMDI). Abgerufen von https://portal.dimdi.de/de/hta/hta_berichte/hta278_bericht_de.pdf

49 DGPPN-Deutschen Gesellschaft für Psychiatrie, Psychotherapie und Nervenheilkunde. (2012). Positionspapier der Deutschen Gesellschaft für Psychiatrie, Psychotherapie und Nervenheilkunde. (DGPPN) zum Thema Burnout. Abgerufen von http://www2.psychotherapeutenkammer-berlin.de/uploads/stellungnahme_dgppn_2012.pdf. S. 3ff.

50 Kaschka, W. P., Korczak, D., & Broich, K. (2011). Modediagnose Burn-out. Deutsches Ärzteblatt, 108 (46), 781-787. doi:10.3238/arztebl.2011.0781. S. 782

51 Hapke, U., Maske, U. E., Scheidt-Nave, C., Bode, L., Schlack, R., & Busch, M. A. (2013). Chronischer Stress bei Erwachsenen in Deutschland. Ergebnisse der Studie zur Gesundheit Erwachsener in Deutschland (DEGS1). Bundesgesundheitsblatt, (56), 749-754. doi:10.1007/s00103-013-1690-9. S. 751

52 Bamberg, E., Ducki, A., & Greiner, B. (2004). Betriebliche Gesundheitsförderung: Theorie und Praxis, Anspruch und Realität. In G. Steffgen (Hrsg.), Betriebliche Gesundheitsförderung (S. 11-35). Hogrefe: Göttingen.

53 Killmer, C. (1999). Burnout bei Krankenschwestern. Zusammenhänge zwischen beruflichen Belastungen, beruflichen Kontrollbestrebungen und dem Burnout-Phänomen. Münster: LIT.

54 Gusy, B. (1995). Stressoren in der Arbeit, soziale Unterstützung und Burnout: Eine Kausalanalyse - Prävention und psychosoziale Gesundheitsforschung. München: Profil.

55 Burisch, M. (2014). Das Burnout-Syndrom: Theorie der inneren Erschöpfung (5. Aufl.). Berlin: Springer. S. 55, S. 56, S. 40

| 56 | Freudenberger, H., & North, G. (1992). Burn-out bei Frauen – Über das Gefühl des Ausgebranntseins. Frankfurt/Main: Fischer. |

| 57 | Maslach, C., & Jackson, S. E. (1984). Burnout in organizational settings. In S. Oscamp (Ed.), Applied Social Psychology Annual, (Vol. 5, pp. 133-153). Beverly Hills: Sage. |

| 58 | Maslach, C., & Leiter, M. P. (1997). The Truth about Burnout. San Francisco: Jossey-Bass. S. 38 |

| 59 | Koehler, U., & Koehler, Y. (2014). Burnout-Krankheit oder Folge von Stress. Deutsche Medizinische Wochenschrift, 139, 1731-1734. doi:10.1055/s-0034-1370293 |

| 60 | Buchwald, P., & Hobfoll, S. E. (2004). Burnout aus ressourcentheoretischer Perspektive. Psychologie in Erziehung und Unterricht, 51, 247-257. |

| 61 | Wissenschaftliches Institut der AOK. (2011, 19 April). Burnout auf dem Vormarsch [Pressemeldung]. Abgerufen von http://www.wido.de/fileadmin/wido/downloads/ pdf_pressemitteilungen/wido_pra_pm_krstd_0411.pdf |

| 62 | Buchberger, B., Heymann, R., Huppertz, H., Friepörtner, K., Pomorin, N., & Wasem, J. (2011). Effektivität von Maßnahmen der betrieblichen Gesundheitsförderung (BGF) zum Erhalt der Arbeitsfähigkeit von Pflegepersonal. Deutschen Institut für Medizinische Dokumentation und Information (DIMDI). Köln: DAHTA. Abgerufen von https://portal.dimdi.de/de/hta/hta_berichte/hta299_bericht_de.pdf |

| 63 | Kliner, K., Rennert, D., & Richter, M. (Hrsg.). (2017). Gesundheit und Arbeit – Blickpunkt Gesundheitswesen. Berlin: Medizinisch Wissenschaftliche Verlagsgesellschaft und BKK Dachverband e.V. Abgerufen von https://www.bkk-dachverband.de/fileadmin/publikationen/gesundheitsatlas/2017/ BKK_Gesundheitsatlas_2017.pdf. S. 11, S. 44 |

| 64 | Asklepios. (2017). Resilienz und Stressverarbeitung: Befragung 2017. (Nicht öffentlich zugänglich). Hamburg: Asklepios. |

| 65 | Hasselhorn, H. M., Müller, B. H., Tackenberg, P., Kümmerling, A., & Simon, M. (2005). Berufsausstieg bei Pflegepersonal in Deutschland und Europa. Dortmund: Bundesanstalt für Arbeitsschutz und Arbeitsmedizin. Abgerufen von https:// www.baua.de/DE/Angebote/Publikationen/Schriftenreihe/Uebersetzungen/U e15.pdf?__blob=publicationFile&v=6 |

66	Sendera, A., & Sendera, M. (2013). Trauma und Burnout in helfenden Berufen. Erkennen, Vorbeugen, Behandeln – Methoden, Strategien und Skills. Wien: Springer.
67	Poncet, M. C., Toullic, P., Papazian, L., Kentish-Barnes, N., Timsit, J. F., Pochard, F., Chevret, S., Schlemmer, B., & Azoulay, E. (2007). Burnout syndrome in critical care nursing staff. American Journal of Respiratory and Critical Care Medicine, 175, 698-704. doi:10.1164/rccm.200606-806OC
68	Bamberg, E., Keller, M., Wohlert, C., & Zeh, A. (2006). BGW-Stresskonzept. Das arbeitspsychologische Stressmodell. Hamburg: Berufsgenossenschaft für Gesundheitsdienst und Wohlfahrtspflege (BGW). Abgerufen von https://www.bgw-online.de/SharedDocs/Downloads/DE/Medientypen/Wissenschaft-Forschung/ BGW08-00-000_Stresskonzept_Das_arbeitspsychologische_Stressmodell_Download.pdf?__blob=publicationFile. S. 15
69	Regnet, E. (2007). Konflikt und Kooperation: Konflikthandhabung in Führungs- und Teamsituationen. Göttingen: Hogrefe. S. 4
70	Prein, H. (1982). Conflicthantering door een derde partij. Lisse: Swets & Zeitlinger. S. 1
71	Rüttinger, B. (1980). Konflikt und Konfliktlösen. Goch: Bratt Institut für neues Lernen. S. 22
72	Glasl, F. (2013). Konfliktmanagement: Ein Handbuch für Führungskräfte, Beraterinnen und Berater (11. Aufl.). Bern: Haupt. S. 17
73	Handbuch Angewandte Psychologie für Führungskräfte (S. 315-357). Berlin: Springer. S. 316
74	Gläßer, U., & Kirchhoff, L. (2011). Konfliktmanagement von den Elementen zum System. Frankfurt/Main: PricewaterhouseCoopers. Abgerufen von https://www.ikm.europa-uni.de/depublikationen/EUV_PwC_Studie_Konfliktmanagement-Systeme_2011_DRUCK-V15.pdf. S. 17
75	Glasl, F. (2013). Konfliktmanagement: Ein Handbuch für Führungskräfte, Beraterinnen und Berater (11. Aufl.). Bern: Haupt.
76	Schwarz, G. (2014). Konfliktmanagement: Konflikte erkennen, analysieren, lösen (9. Aufl.). Wiesbaden: Gabler. S. 321

77	Weimann, E., & Weimann, P. (2013). Professionelles Konfliktmanagement: Schlüssel zur verbesserten Mitarbeiterzufriedenheit. Der Diabetologe, 5, 356-358. doi: 10.1007/s11428-013-1098-z
78	Glasl, F. (2013). Konfliktmanagement: Ein Handbuch für Führungskräfte, Beraterinnen und Berater (11. Aufl.). Bern: Haupt. S. 105
79	von Rosenstiel, L., & Nerdinger, F. W. (2011). Grundlagen der Organisationspsychologie (7. Aufl.). Stuttgart: Schäffer-Poeschel.
80	Lippmann, E. (2013). Konfliktmanagement. In T. Steiger & E. Lippmann (Hrsg.), Handbuch Angewandte Psychologie für Führungskräfte (S. 315-357). Berlin: Springer.
81	Kreyenberg, J. (2004). Handbuch Konfliktmanagement. Konfliktdiagnose, -definition und -analyse. Konfliktebenen, Konflikt- und Führungsstile. Interventions- und Lösungsstrategien, Beherrschung der Folgen. Berlin: Cornelsen.
82	Glasl, F. (2013). Konfliktmanagement: Ein Handbuch für Führungskräfte, Beraterinnen und Berater (11. Aufl.). Bern: Haupt. S. 106ff.
83	Ballreich, R., Fröse, M. W., & Piber, H. (Hrsg.). (2007). Organisationsentwicklung und Konfliktmanagement: Innovative Konzepte und Methoden. Bern: Haupt. S. 7
84	Glasl, F. (2013). Konfliktmanagement: Ein Handbuch für Führungskräfte, Beraterinnen und Berater (11. Aufl.). Bern: Haupt. S. 209, 210.
85	Meschkutat, B., & Stackelbeck, M. (2010). Konfliktlösung am Arbeitsplatz – Analysen, Handlungsmöglichkeiten, Prävention bei Konflikten und Mobbing. Ein Handbuch für Führungskräfte. Düsseldorf: Landesinstitut für Gesundheit und Arbeit des Landes Nordrhein-Westfalen. Abgerufen von https://www.uksh.de/uksh_media/ Dateien_Verwaltung/Gleichstellungsbeauftragte/Wissenswertes/ Informationen+zum+Beruf+und+zur+Familie/Konfliktlösung+am+Arbeitsplat z+_+Ein+Handbuch+für+Führungskräfte-p-72322.pdf
86	Müller-Fohrbrodt, G. (1999). Konflikte konstruktiv bearbeiten lernen: Zielsetzungen und Methodenvorschläge. Opladen: Leske + Budrich.
87	Schreyögg, A. (2011). Konfliktcoaching: Anleitung für den Coach. Frankfurt/Main: Campus.

88	Schulz von Thun, F. (2014). Miteinander reden: 2 Stile, Werte und Persönlichkeitsentwicklung: Differentielle Psychologie der Kommunikation (34. Aufl.). Reinbek bei Hamburg: Rowohlt.
89	Schulz von Thun, F. (2014). Miteinander reden: 2 Stile, Werte und Persönlichkeitsentwicklung: Differentielle Psychologie der Kommunikation (34. Aufl.). Reinbek bei Hamburg: Rowohlt. S. 45
90	Schulz von Thun, F., Ruppel, J., & Stratmann, R. (2015). Miteinander reden: Kommunikationspsychologie für Führungskräfte (15. Aufl.). Reinbek bei Hamburg: Rowohlt.
91	Schulz von Thun, F. (2014). Miteinander reden: 2 Stile, Werte und Persönlichkeitsentwicklung: Differentielle Psychologie der Kommunikation (34. Aufl.). Reinbek bei Hamburg: Rowohlt. S. 32
92	de Heer, G., & Kluge, S. (2012). Kommunikation in der Intensivmedizin. Medizinische Klinik - Intensivmedizin und Notfallmedizin, 107, 249-254. doi:10.1007/s00063-011-0060-3
93	Ospelt, N. (2015). Konflikte auf Station: Entstehung und Lösungswege. Deutsche Medizinische Wochenschrift, 140, 140-142. doi:10.1055/s-0041-100016, S. 140
94	Hibbeler, B. (2011). Ärzte und Pflegekräfte: Ein chronischer Konflikt. Deutsches Ärzteblatt, 108 (41), A2138-A2144. Abgerufen von https://www.aerzteblatt.de/ archiv/109162/Aerzte-und-Pflegekraefte-Ein-chronischer-Konflikt
95	Buxel, H. (2011). Studie: Wie Pflegende am Arbeitsplatz zufriedener werden. Die Schwester Der Pfleger, 50 (5), 426-430. Abgerufen von http://www.pflegeportal.ch/ pflegeportal/pub/Pflegende_am_Arbeitsplatz_Schw_Pfl_5_11_2207_1.pdf
96	Hollaus, S., & Mihelic, M. (2018). Psyma CARE Klima-Index: Ganzheitlicher Stimmungsindikator im Wachstumsmarkt Pflege in Deutschland. Nürnberg: Psyma Health & CARE. Abgerufen von https://deutscher-pflegetag.de/sites/default/files 2018-01Psyma%20Statement%20und %20Kernergebnisse_Pressemappe_16Jan2 017.pdf
97	Simon, M., Tackenberg, P., Hasselhorn, H. M., Kümmerling, A., Büscher, A., & Müller, B. H. (2005). Auswertung der ersten Befragung der NEXT-Studie in Deutschland. Universität Wuppertal. Abgerufen von http://www.next.uni-wuppertal.de/ download.php? f=67c55b82536b145ec6a7faf17db66dff&target=0. S. 24, S. 25

98	Pilartz, H. (2011). Mediation in Institutionen des Gesundheitswesens. In B. Tünnesen (Hrsg.), Mediation im Gesundheitswesen - Ein Plädoyer für neue Wege und konstruktive Lösungen (S. 47-88). Köln: Blombach.
99	Pilartz, H. (2011). Mediation in Institutionen des Gesundheitswesens. In B. Tünnesen (Hrsg.), Mediation im Gesundheitswesen - Ein Plädoyer für neue Wege und konstruktive Lösungen (S. 47-88). Köln: Blombach. S. 52
100	Günthner, A., & Batra, A. (2012). Stressmanagement als Burn-out-Prophylaxe. Bundesgesundheitsblatt, 55, 183-189. doi:10.1007/s00103-011-1406-y
101	Böhmert, M., Beermann, B., & Richter, G. (2012). Sicherheit und Gesundheit bei der Arbeit im Gesundheitswesen: Leitfaden für Prävention und gute Betriebspraxis. Luxemburg: Amt für Veröffentlichungen der Europäischen Union. Abgerufen von http://iegus.eu/wp-content/uploads/2017/10/progress-Leitfaden-Deutsch.pdf.
102	Asklepios. (2017). Resilienz und Stressverarbeitung: Befragung 2017. (Nicht öffentlich zugänglich). Hamburg: Asklepios. S. 59
103	Brodersen, S., Cosmar, M., Felfe, J., Giesert, M., Kratzer, N., Kummer, A., Liebrich, A., Lück, P., Pangert, B., Reuter, T., Schneberger, T., Schuster, S., & Winterstein, S. (2015). Führungskräfte sensibilisieren und Gesundheit fördern – Ergebnisse aus dem Projekt „iga.Radar". Berlin: AOK-Bundesverband. Abgerufen von https://www.iga-info.de/fileadmin/redakteur/Veroeffentlichungen/iga_Reporte/Dokumente/iga-Report_29_Fuehrungskraefte_sensibilisieren_Gesundheit_foerdern.pdf
104	Busse, A., Plaumann, M., & Walter, U. (2006). Stresstheoretische Modelle. In Kaufmännische Krankenkasse (Hrsg.), Stress? Ursachen, Erklärungsmodelle und präventive Ansätze (S. 63-77). Berlin: Springer.
105	Drössler, S., Steputat, A., Schubert, M., Euler, U., & Seidler, A. (2016). Psychische Gesundheit in der Arbeitswelt: Soziale Beziehungen. Dortmund: Bundesanstalt für Arbeitsschutz undArbeitsmedizin (BAuA). Abgerufen von https://www.baua.de/DE/ Angebote/Publikationen/Berichte/F2353-2b.pdf?__blob=publicationFile&v=5, S. 96
106	Asklepios. (2017). Resilienz und Stressverarbeitung: Befragung 2017. (Nicht öffentlich zugänglich). Hamburg: Asklepios. S. 75
107	Kaluza, G. (2014). Gelassen und sicher im Stress (5. Aufl.). Berlin: Springer. S. 86
108	Kaluza, G. (2014). Gelassen und sicher im Stress (5. Aufl.). Berlin: Springer.

109	Bamberg, E., Keller, M., Wohlert, C., & Zeh, A. (2006). BGW-Stresskonzept. Das arbeitspsychologische Stressmodell. Hamburg: Berufsgenossenschaft für Gesundheitsdienst und Wohlfahrtspflege (BGW). Abgerufen von https://www.bgw-online.de/SharedDocs/Downloads/DE/Medientypen/Wissenschaft-Forschung/ BGW08-00-000_Stresskonzept_Das_arbeitspsychologische_Stressmodell_Downl oad.pdf?__blob=publicationFile. S. 18
110	https://www.absolventa.de/karriereguide/berufseinsteiger-wissen/xyz-generationen-arbeitsmarkt-ueberblick
111	Prof. Dr. Antje-Britta Mörstedt, PFH Private Hochschule Göttingen. https://www.pfh.de/fileadmin/Content/PDF/forschungspapiere/vortrag-generation-z-moerstedt-ihk-goettingen.pdf
112	Herzberg, E, Mausner, B. & Snyderman, B. (1959). The Motivation to Work. New York: Wiley.
113	https://www.haw-hamburg.de/detail/news/news/show/pflegekraefte-am-limit/
114	von Rosenstiel, L. (2014). Motivation im Betrieb: Mit Fallstudien aus der Praxis. Berlin: Springer.
115	Lauer, T. (2014). Change Management: Grundlagen und Erfolgsfaktoren (2. Aufl.). Berlin: Springer.
116	Gürster, M. (2010). Mitarbeitermotivation: Die Bedürfnispyramide nach Abraham H. Maslow. München: GRIN.
117	Beger, M. (2010). Das Menschenbild in Organisationen: Unter besonderer Berücksichtigung von McGregor's X-Y-Theorie. München: GRIN.
118	Alter, U. (2015). Grundlagen der Kommunikation für Führungskräfte: Mitarbeitende informieren und Führungsgssspräche erfolgreich durchführen. Berlin: Springer.
119	Steinfeldt, M., & Hoffman, E. (2003). Organisationales Lernen und umweltbezogene Lernprozesse. Berlin: Institut für ökologische Wirtschaftsforschung. Abgerufen von http: www.ioew.de/uploads/tx_ukioewdb/IOEW-SR_170_Organisationales_Lernen.pdf

Kontakt zum Autor

Praxis für Psychotherapie und Coaching

www.praxis-grüne.de

www.coach-terminal.de

Trainingsinstitut-Hannover

für Kommunikation & Persönlichkeitsentwicklung

www.trainingsinstitut-hannover.de

Weitere Bücher von Jens Grüne

ISBN-3743922371

Die Wissenschaft geht zur Zeit davon aus, dass wir nur ein Leben haben. Das bedeutet, dass wir nur eine Chance haben, etwas aus diesem Leben zu machen. Durch unsere Tempo- und Leistungsgesellschaft kommt es im Alltag oft dazu, dass wir das Leben nicht mehr bewusst wahrnehmen. Oft bleibt nicht viel Zeit zum wirklichen Leben.

Dieses Buch soll dazu beitragen, dass Sie bewusster mit Ihrem Leben umgehen.

Es gibt Ihnen neue Denkanstöße und zeigt Ihnen verschiedene Blickwinkel auf, um das Leben so zu gestalten, wie Sie es sich wünschen.

Finden Sie mehr Ideen für ein bewussteres Leben:

- Umgang mit der Vergangenheit

- Kritik und seine Folgen

- Partnerschaft und Beziehungen

- Ziele und Werte

- Entscheidungen und Zukunft

- Stress und Gesundheit

- uvm.

FSC
www.fsc.org
MIX
Papier | Fördert
gute Waldnutzung
FSC® C083411

Zeitfracht Medien GmbH
Ferdinand-Jühlke-Straße 7
99095 Erfurt, Deutschland
produktsicherheit@kolibri360.de